跨境电商亚马逊运营实战一本通

王长霖 著

天津出版传媒集团
天津科学技术出版社

图书在版编目（CIP）数据

跨境电商亚马逊运营实战一本通 / 王长霖著.
天津：天津科学技术出版社，2025.7. -- ISBN 978-7
-5742-2968-6

Ⅰ．F737.124.6
中国国家版本馆CIP数据核字第2025UR2047号

跨境电商亚马逊运营实战一本通
KUAJING DIANSHANG YAMAXUN YUNYING SHIZHAN YIBENTONG
责任编辑：吴丹丹

出　　版：	天津出版传媒集团
	天津科学技术出版社
地　　址：	天津市西康路35号
邮　　编：	300051
电　　话：	（022）23332695
网　　址：	www.tjkjcbs.com.cn
发　　行：	新华书店经销
印　　刷：	水印书香（唐山）印刷有限公司

开本 670×950　1/16　印张 12　字数 150 000
2025年7月第1版第1次印刷
定价：49.80元

 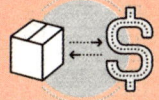  

在全球化日益加深的今天，跨境电商已经成为全球商业变革的重要力量。随着全球经济的数字化转型，跨境电商正在经历一场前所未有的变革。近年来，随着全球互联网普及率的提升，物流、支付系统的日益完善，加之各国政府对跨境电商的政策支持，跨境电商正在迎来黄金发展期。根据相关数据显示，全球跨境电商市场规模正在以每年 20% 以上的速度增长，预计未来几年将继续保持强劲势头。

亚马逊平台自 1994 年由杰夫·贝索斯创立以来，经过多年的发展，已成为全球最大的线上零售商之一。作为全球电商市场的领导者，亚马逊凭借其强大的平台优势、先进的物流体系、完善的支付体系以及全球化的市场布局，成为每个跨境电商从业者必须关注的平台。在亚马逊平台上，卖家可以轻松实现跨境销售，突破地域限制，进入全球 200 多个国家和地区，借助亚马逊的物流、支付体系与客户服务，实现全球布局。特别是在中国，越来越多的卖家通过亚马逊打开了海外市场，取得了优异的成绩。

虽然如此，亚马逊的庞大市场和复杂的运营规则，给来自不同文化和市场的从业者带来了许多困难和挑战。在亚马逊平台中，如何才能扩展市场份额，真正实现持续盈利，成为广大电商从业者要解决的关键问

题。正是在这样的大背景下,《跨境电商亚马逊运营实战一本通》应运而生。本书将带领读者走进亚马逊平台的核心,详细讲解从入驻、选品、页面优化、广告投放到客户服务等各个环节的操作技巧和注意事项。

此外,本书还深入探讨了如何利用数据分析和市场调研优化店铺运营策略,提升品牌市场竞争力,实现科学的库存管理和物流优化,降低成本、提高效率,从而实现盈利最大化。本书还将带你了解亚马逊物流服务的核心,帮助你利用亚马逊强大的物流体系,提升订单履行效率,降低物流成本。

亚马逊跨境电商的未来充满无限可能,在这片广阔的电商蓝海中,如何实现长久盈利,是本书要解答的核心问题。阅读《跨境电商亚马逊运营实战一本通》,将使你掌握一整套行之有效的运营技巧,全面提升自己的跨境电商运营能力。

在全球电商飞速发展的今天,成功的机会总是属于那些准备充分、步伐坚定的人。本书的目标就是为你提供最完整、最实用的操作指南,帮助你在亚马逊平台上站稳脚跟,打开全球市场的大门。无论你是准备入局跨境电商的新手,还是已经有一定基础的卖家,本书都能为你提供有效的指导和丰富的案例,助你在亚马逊平台的广阔天地中,走得更远,飞得更高。

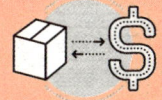

第1章 起步阶段——冲入亚马逊

1.1 跨境电商的兴起 / 002

1.2 亚马逊：连接全球市场的门户 / 005

1.3 入局亚马逊跨境电商需要面临的挑战 / 008

1.4 亚马逊全球市场的潜力与机会 / 013

1.5 亚马逊平台成功的跨境电商案例分析 / 017

第2章 准备阶段——市场研究与产品选择

2.1 进行市场需求分析和竞争分析 / 022

2.2 选择适合跨境销售的产品 / 026

2.3 把控产品品质，注重考量细节 / 030

2.4 了解目标市场的法规与条例 / 033

2.5 确定合适的供应链与供应商 / 037

第3章　开店阶段——开设亚马逊店铺的步骤与技巧

3.1　注册与设置亚马逊卖家账户 / 042

3.2　选择合适的店铺类型和卖家计划 / 047

3.3　优化产品列表与商品页面 / 050

3.4　借助亚马逊广告和促销工具 / 055

3.5　建立品牌与客户信任度 / 061

第4章　运营阶段——运营管理与订单处理

4.1　有效的库存管理与预测 / 066

4.2　设置合理的定价策略 / 070

4.3　优化物流与运输安排 / 075

4.4　客户服务与售后支持 / 080

4.5　利用数据分析提升运营效率 / 084

 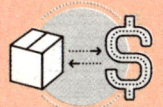 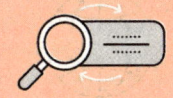 

第5章 推广阶段——市场推广与品牌建设

5.1 制订全球市场推广策略 / 090

5.2 使用社交媒体和影响者营销 / 094

5.3 SEO 与关键词策略 / 099

5.4 利用跨境电商展会和活动 / 104

5.5 建立用户评价与口碑管理系统 / 109

第6章 迎难而上——面对的挑战与解决方案

6.1 处理跨境支付与货币转换问题 / 114

6.2 应对国际物流与关税问题 / 119

6.3 保障产品质量与退换货服务 / 124

6.4 克服文化差异与语言障碍 / 130

6.5 应对全球市场的法律与合规问题 / 135

第7章 扩展市场——业务增长与国际化策略

7.1 分析和选择扩展市场的策略 / 142

7.2 跨境扩展市场的风险管理 / 146

7.3 本地化产品与营销策略 / 151

7.4 与本地合作伙伴建立关系 / 155

7.5 处理多国语言和客户需求 / 160

第8章 长久发展——未来展望与持续优化

8.1 亚马逊平台的最新趋势与技术跟随 / 164

8.2 持续优化产品与店铺体验 / 167

8.3 创新性优化供应链和物流管理 / 173

8.4 扩展新的线上销售渠道 / 177

8.5 建立可持续发展的全球品牌 / 181

第1章

起步阶段——冲入亚马逊

- 1.1 跨境电商的兴起
- 1.2 亚马逊：连接全球市场的门户
- 1.3 入局亚马逊跨境电商需要面临的挑战
- 1.4 亚马逊全球市场的潜力与机会
- 1.5 亚马逊平台成功的跨境电商案例分析

1.1 跨境电商的兴起

跨境电商是指商家或个人卖家通过电子商务平台，将商品从一个国家或地区跨越地理和政治边界销售到另一个国家或地区的贸易活动。跨境电商的兴起标志着全球商业格局的一次深刻变革。随着互联网技术的快速发展、全球化的加速推进以及消费者需求的日益多样化，跨境电商在过去十年间逐渐从一种新兴的商业模式发展成为全球经济的重要组成部分。特别是在全球加速线上购物和数字化转型的大背景下，跨境电商成了许多企业与消费者连接的新桥梁，是推动国际贸易和消费品流通的重要力量。

1.1.1 促进跨境电商迅速发展的因素

1. 政策与法律支持

我国政府为推动跨境电商发展出台了多项政策，自 2015 年以来在全国多地设立了跨境电子商务综合试验区。这些试验区不仅引领着整个行业的创新步伐，还为众多入驻的跨境电商企业提供了税收优惠、通关便利和资金支持，为行业发展奠定了政策基础。

为促进跨境电商发展，我国政府还制定并颁布了一系列法律法规。其中，2019 年 1 月 1 日起施行的《中华人民共和国电子商务法》明确规定了电商交易的法律规范，提高了跨境电商市场的规范化水平，这部法律涉及税务管理、知识产权保护、消费者权益保护等多个方面，进一步促进了跨境电商行业的健康发展。

2. 互联网技术的普及

随着智能手机的普及和移动互联网的发展，越来越多不同国家的消费者能够随时随地访问电子商务平台，这使得国际购物变得更加便捷，大大推动了跨境电商的发展。

大数据和人工智能技术的应用使得跨境电商平台能够精准分析消费者需求、优化库存管理和完善个性化推荐服务，不少跨境电商平台都在利用大数据技术分析全球消费者的购物习惯，从而优化自己的运营策略。

3. 消费者需求的变化

随着我国消费者的消费需求不断丰富，他们对国际品牌和优质商品的需求也日益增加。跨境电商平台能够满足这些更多样化的需求，为消费者提供来自世界各地的商品和品牌。

1.1.2 跨境电商相较于传统销售模式的优势

1. 更广泛的市场覆盖

跨境电商无疑突破了地域限制，这一贸易方式使我国消费者可以采买到全球各地的商品，同时也使我国企业能够将产品销售到全球市场。例如，我国的服装品牌可以通过跨境电商进入其他国家的市场进行销售。

通过跨境电商，企业可以进入特定的国际市场满足当地消费者的需求。例如，我国生产手工艺品的企业可以通过跨境电商进入欧洲市场，提供受欧洲消费者欢迎的手工艺产品。

2. 更低的运营成本

传统的国际贸易通常涉及多个中间环节，如批发商、分销商、运输渠道等。相比之下，跨境电商减少了许多中间环节，不仅提高了整体效率，还降低了贸易成本和贸易风险。此外，完善的跨境电商平台都会配备全球仓储和物流服务，极大地优化了库存管理，能够在较短时间内将商品配送到消费者手中，从而降低物流成本。

3. 更高的销售灵活性

跨境电商平台通常支持24小时在线销售，消费者能够随时随地购物。例如，亚马逊平台提供全天候的购物服务，消费者可以在任何时间访问并购买商品。

跨境电商企业可以根据不同市场的需求，制订灵活的营销策略。例如，我国的电商平台会在新年期间开展促销活动，并通过定制化的广告和优惠活动吸引国际消费者参与。

4. 更良好的购物体验

跨境电商平台可以为消费者提供更丰富的商品供其选择。例如，亚马逊提供了来自世界各地的商品，包括独特的手工艺品和稀有的电子产品，这些在本地市场可能难以找到。

跨境电商平台通常会提供多种支付方式和物流解决方案，使国际贸易变得更加便捷。例如，和PayPal、支付宝等支付平台合作，支持多种货币和跨境支付，和DHL、FedEx等物流公司合作提供全球配送服务。

1.2 亚马逊：连接全球市场的门户

亚马逊自1994年由杰夫·贝索斯（Jeff Bezos）创办以来，已经从一个网上书店发展成全球最大的综合性电子商务平台之一，涵盖了零售、云计算、人工智能、数字内容等多个领域。对于跨境电商而言，亚马逊无疑是一个连接全球市场的重要门户，它不仅为卖家提供了庞大的国际客户群体，同时也为消费者提供了全球范围内的商品供其自由选择，促使世界各地的商业活动和消费活动更加紧密地融合在一起。

1.2.1 亚马逊平台的特点

亚马逊的商业模式不仅大大降低了卖家进入国际市场的门槛，还提供了全面的市场数据和销售分析工具，能够帮助卖家优化商品定价和市场推广策略。亚马逊为卖家和消费者提供的多种功能和服务，包括但不限于以下内容。

1. 国际仓库及全球物流网络

亚马逊通过建立全球化的国际仓库网络，为卖家提供了一个极具竞争优势的销售平台。这些国际仓库不仅分布在亚马逊主要市场的战略位置，还通过先进的库存管理系统实现高效的仓储管理和物流运作。这种便利的服务模式不仅为卖家带来了明显的竞争优势，还为全球消费者提供了更高效、更便捷的购物体验。卖家还可以通过亚马逊的在线平台轻松查看和管理其存储在各国仓库中的商品，随时调整库存量和价格策略，以更好地响应市场需求和变化。

2. 便捷的结算和安全的支付

亚马逊允许卖家选择多种货币进行结算，这种灵活的结算方式能够帮助卖家轻松管理不同国家和地区的销售收入，降低货币兑换成本和风险，并提高财务透明度和管理效率。平台还支持多种灵活的支付方式，包括信用卡、借记卡、电子支付（如 PayPal、支付宝等）等。

亚马逊通过技术创新不断优化其支付和结算系统，在提升用户体验的同时，还提高了整体的运营效率和安全性。这种持续改进确保了亚马逊在全球跨境电商领域的领先地位，并使其成为卖家和消费者首选的电商平台之一。

3. 全球统一的客户服务标准

亚马逊为全球消费者提供了一致的客户服务标准，这体现在售后支持和退款处理的各个方面。无论消费者身处何地，亚马逊都确保提供相同水平的服务，涵盖售后支持和退款处理等方面，提升了全球消费者的购物体验。这样的服务一致性不仅增强了消费者对平台的信任和忠实度，还促进了亚马逊的全球业务增长和品牌声誉。

1.2.2 亚马逊的基本结构与服务

亚马逊的基本结构与服务涵盖了多个关键方面，旨在为卖家和消费者提供全面的交易支持和良好的购物体验。

1. 亚马逊的基本结构

亚马逊虽然是一个全球性的电商市场，但是细分成了多个国家和地区的独立市场，如亚马逊美国站、亚马逊英国站、亚马逊德国站等，每个市场都有自己的产品目录、商品页面、搜索引擎和用户社区。如果一个中国卖家希望进入美国市场销售中国的传统手工艺品，他可以在亚马逊美国站注册卖家账号，并将商品信息上传至该市场的平台。

2. 产品上架和管理服务

亚马逊平台为入驻的卖家提供了丰富的工具和指南，致力于帮助商家持续优化产品页面，提升产品的曝光度和销售机会。卖家可以通过卖家页面上传产品信息、设置价格、编写产品描述和上传图片等。例如，一个澳大利亚的卖家在亚马逊澳大利亚站上架其设计的健身器材，就可以使用卖家页面上传产品图片、填写详细的产品描述，并选择合适的关键词和类目，以便消费者能够精准找到他的产品。

3. FBA的订单处理和配送服务

亚马逊的FBA（Fulfillment by Amazon，亚马逊物流）服务可以为卖家提供全面的订单处理和配送解决方案，即卖家将产品寄存至亚马逊的仓库后，亚马逊负责订单的处理、包装并将其配送到消费者手中。例如，一家中国的服装企业将服装存储在亚马逊的德国仓库中，当有德国消费者下单时，亚马逊便会自动处理订单、打包商品，并利用其高效的物流网络将商品送至客户手中。

4. 客户服务和售后支持

在亚马逊平台上，如果有消费者因为产品质量或配送问题提出退货要求，卖家可以通过亚马逊的卖家页面快速处理退款，并通过亚马逊的客户服务团队解决客户的问题，保证良好的商业关系和客户忠实度。

1.3 入局亚马逊跨境电商需要面临的挑战

跨境电商作为一种新兴的贸易模式,为卖家提供了无限商机。然而,对于刚刚入局亚马逊跨境电商的卖家来说,尽管前景广阔,但仍面临着诸多挑战。这些挑战既来自市场、运营、物流等方面,还涉及文化、法律和竞争等多个维度,如图1-1所示。卖家只有深刻理解并妥善应对这些挑战,才能在亚马逊平台上取得成功。

图 1-1

1.3.1 市场准入门槛与竞争

1. 市场准入门槛提高

亚马逊作为全球最大的电商平台之一,其市场准入门槛正在不断提高。新入局的卖家要经过严格的审核流程才能入驻平台,审核内容包括公司资质、产品质量、品牌授权等方面。这些审核耗时漫长,对卖家的实力和合规性要求也比较高。此外,不同国家和地区的市场准入规则也有所不同,卖家需要深入了解并遵守当地的法规和标准,以确保顺利进入市场。

2. 竞争愈发激烈

亚马逊平台上的卖家数量众多,竞争异常激烈。特别是一些热门产品类别,如电子产品、服装、家居用品等,竞争趋于白热化。卖家要想在众多竞争者中脱颖而出,不仅需要有独特的产品和优质的服务,还需要具备强大的市场推广能力和品牌影响力,而这些都需要时间和资源上的积累,这对于新卖家来说无疑是巨大的挑战。

1.3.2 跨境物流与供应链管理

1. 复杂的跨境物流体系

跨境电商涉及跨境物流,其复杂性不言而喻。不同国家和地区的物流规则、运输成本、配送时间等都有所不同,卖家需要充分了解并适应这些差异。此外,跨境物流还面临着清关、税收、保险等多个环节的问题,任何一个环节的疏漏都可能导致货物延误或损失。因此,卖家需要建立完善的跨境物流体系,选择合适的物流服务商,优化运输路线和配送方案,确保将货物安全、及时地送达。

2. 供应链管理的挑战

跨境电商的供应链管理同样具有挑战性。卖家需要面对来自全球各地的供应商，这些供应商在产品质量、交货时间、售后服务等方面的水平参差不齐。为了确保供应链的稳定性和可靠性，卖家需要妥善管理和协调供应商，与之建立稳定的长期合作关系。同时，卖家还需要关注全球市场的变化，及时调整供应链策略，以适应多变的市场需求。

1.3.3 法律与合规风险

1. 不同国家和地区的法律法规

跨境电商涉及不同国家和地区的法律法规，包括税务、知识产权、消费者权益保护等方面的规定。卖家需要充分了解并遵守这些法规，避免因违法违规而导致的罚款、法律纠纷等风险。世界各地的法律法规千差万别，卖家需要投入大量时间和精力去学习和研究。随着全球法律环境的不断变化，卖家还需要密切关注法规的更新和变化，以确保合规经营。

2. 知识产权保护问题

在跨境电商中，知识产权保护是一个重要而复杂的问题。卖家要保证所售产品的知识产权归属清晰，避免侵犯他人的商标、专利、著作权等。同时，卖家还需要了解全球知识产权保护的最新动态和趋势，加强自身的知识产权保护意识和管理能力。要建立完善的知识产权管理制度，加强品牌建设和宣传，同时积极维护自身权益。

1.3.4 文化差异与语言障碍

1. 文化差异的影响

跨境电商涉及不同国家和地区的消费者，这些消费者有着不同的文化背景、消费习惯和价值观念。卖家只有充分了解这些文化差异，才能更好地为当地消费者提供产品和服务。例如，不同国家或地区的消费者对产品的颜色、尺寸、款式有不同的偏好，卖家需要根据当地消费者的偏好进行定制化生产，或者调整销售策略。除此之外，卖家还需要关注消费者在购物习惯、支付方式、售后服务等方面的需求，为他们提供更优质的购物体验。

2. 语言障碍的挑战

语言障碍是跨境电商企业不可忽视的问题。来自全球的消费者使用不同的语言进行交流，这就要求卖家掌握多种语言或善于借助翻译工具与之沟通。语言障碍对沟通效率和质量有很大影响，还可能造成误解或冲突。因此，卖家需要培养和提高语言能力，如学习当地语言、了解当地文化习俗、掌握有效的沟通技巧等，可以考虑与当地合作伙伴建立关系，借助他们的市场资源来拓展业务。

1.3.5 品牌建设与市场营销

1. 品牌建设的挑战

在亚马逊平台上，品牌建设是提升产品竞争力和市场影响力的关键。品牌建设并非一蹴而就，需要卖家投入大量的时间和精力来谋划。对于新入局的卖家来说，要想在众多竞争者中建立独特的品牌形象，成为消费者信赖和喜爱的品牌，十分具有挑战性。卖家要明确品牌定位、塑造品牌形象、提升品牌知名度，用优质的产品和服务来增强品牌忠实度。

2. 市场营销的策略

卖家需要制订有效的市场营销策略，吸引亚马逊平台客户的注意力。要想实现这一点，往往要投入大量的资金和资源，新入局的卖家可能面临资金短缺或资源不足的问题。市场营销的效果难以预测和量化，这就要求卖家不断尝试、优化策略，找到最适合自己的市场营销方式。

1.3.6 数据分析与运营优化

1. 数据分析的重要性

在跨境电商运营中，要充分借助数据分析来提升运营效率和市场竞争力。卖家要对经营数据进行分析，以此了解市场动态、消费者行为、产品销售情况等关键信息，从而制订更精准的运营策略。进行数据分析需要具备一定的专业知识和技能，新入局的卖家一方面要坚持学习、提高水平，另一方面要结合实际情况解读和应用数据分析的结果，避免误导决策。

2. 运营优化的持续性

跨境电商运营是一个持续优化的过程。面对可能存在的各种挑战，卖家一要不断关注市场动态和竞争环境变化，及时调整运营策略；二要发现并解决产品优化、库存管理、物流配送等方面的问题，确保运营的顺畅和高效；三要具备高度的责任心和执行力，持续进行运营优化，不断追求卓越和进步。

1.4 亚马逊全球市场的潜力与机会

跨境电商在全球市场中展现出了巨大的潜力和机会。结合消费潜力、技术创新、新兴市场的发展以及政策环境的改善等有利因素，跨境电商行业正迎来前所未有的发展机遇。对于想要拓展海外市场的卖家来说，要努力抓住这些机遇，充分利用亚马逊平台的优势资源，从而实现快速发展。

1.4.1 全球市场的消费潜力

1. 消费者基础庞大且多元化

亚马逊在全球拥有庞大的用户基础，覆盖了众多国家和地区。平台上的用户数量众多，消费习惯和需求呈现出多元化的特点。对于卖家来说，这意味着可以接触到全球的潜在客户，但同时要根据各地消费者的偏好制订差异化的营销策略。例如，北美市场的消费者对高品质、高附加值的产品需求较高，而亚洲市场则更注重性价比和时尚潮流。卖家对不同市场的消费者行为进行深入分析之后，就可以精准定位目标客户群体，提升产品的市场竞争力。

2. 消费能力持续增长

随着全球经济的不断发展和人们收入水平的提高，各国消费者的购买力在逐步增强。尤其是在一些新兴市场国家，消费者对于国际品牌和优质商品的需求日益增长。这些市场的消费潜力巨大，为跨境电商提供了广阔的市场空间。入驻亚马逊平台后，卖家可以充分利用遍布全球的物流网络和高效的支付系统,将商品快速送达消费者手中,满足他们的购物需求。

1.4.2 技术创新带来的机遇

1. 大数据与人工智能的应用

大数据和人工智能技术的快速发展,为跨境电商带来了前所未有的机遇。亚马逊平台对用户数据进行收集和分析,借此精准预测市场需求和消费者行为,为卖家提供科学的决策支持。卖家可以利用这些数据来优化产品选品,制订更有竞争力的定价策略,提高销售效率和盈利能力。人工智能技术还可以应用于客户服务环节,提升用户体验。

2. 智能化物流解决方案

亚马逊在物流领域的创新,给跨境电商卖家提供了诸多便利。亚马逊引入了智能化物流解决方案,如无人仓储、自动分拣等技术,大幅提升了物流效率,并能有效降低运营成本。这对卖家十分有利,可以使卖家更快地响应市场需求,减少库存积压,提高配送速度。亚马逊的全球物流网络为卖家提供了便捷的跨境配送服务,使商品能够轻松送达全球各地。

1.4.3 新兴市场的发展

1. 东南亚市场的崛起

东南亚地区近年来经济发展迅速,是重要的新兴市场之一,市场潜力巨大。该地区互联网普及率不断提高,电子商务基础设施逐步完善,消费者对跨境电商的接受度日益增强。对于想要拓展海外市场的卖家来说,东南亚市场是一个值得关注的重点区域。入驻亚马逊平台之后,卖家可以利用其在东南亚市场的优势资源迅速打开市场，取得良好的销售业绩。

2. 非洲市场的机遇

非洲市场虽然起步较晚，但近年来展现出了强劲的发展势头。非洲各国政府对电子商务的大力支持和推动，使该地区的电商市场逐渐崛起。非洲地区的消费者对于国际品牌和优质商品的旺盛需求，为卖家提供了广阔的市场空间。卖家可以利用亚马逊平台深入挖掘非洲市场的潜力，实现快速发展。

1.4.4 把握与应对未来发展趋势

1. 全球化和本土化战略的全面融合

要在全球范围内取得成功，卖家必须将全球化与本土化的战略深入融合。全球化战略能够帮助卖家将产品和服务推向全球市场，实现规模的扩张和品牌的国际化；本土化战略要求卖家找到特定市场的需求，适应当地的文化习俗、法律法规、消费偏好等。

卖家应当持续监测和分析各地区的市场动态，包括消费者行为、竞争态势和政策变化。要采用灵活的产品线策略，根据不同市场的需求调整产品设计、包装和定价。例如，针对中东市场推出符合当地宗教和文化习俗的产品，针对北美市场调整产品的尺寸和规格。要和当地的合作伙伴建立紧密关系，利用他们的知识和资源优化营销策略，为客户提供更好的服务。

2. 技术创新与数字化转型的加速推进

在数字经济时代，技术创新和数字化转型已成为发展跨境电商的关键驱动力。亚马逊不断引入先进的技术和工具，帮助卖家提升运营效率和用户体验。为了充分把握这一趋势，卖家应当加强学习，与平台共同进步。

卖家要充分利用亚马逊提供的工具，如亚马逊广告、亚马逊云服务等，优化运营决策。借助这些工具，卖家可以更准确地了解消费者需求和市场趋势，制订更加精准的营销策略。卖家还要积极探索和应用新技术，如人工智能、区块链、物联网等，提升自身的数字化水平。例如，利用人工智能优化库存管理，实现智能补货和预测性销售；利用区块链技术提升供应链的透明度和可追溯性，增强消费者的信任；利用物联网技术实现智能物流和智能仓储，提高物流效率并降低成本。

1.5 亚马逊平台成功的跨境电商案例分析

亚马逊平台孕育了众多成功的跨境电商品牌，它们凭借卓越的产品质量、精准的市场定位、创新的营销策略和优质的客户服务，在全球市场中占有一席之地。

1.5.1 安克（ANKER）：创新技术+营销策略的胜利

安克是一个中国品牌，成立于 2011 年，专注于为消费者提供高品质充电解决方案。富有创造性的产品以及独到的营销策略，使它迅速成为全球便携充电器行业的佼佼者。其成功之道主要有以下几个方面，如图 1-2 所示。

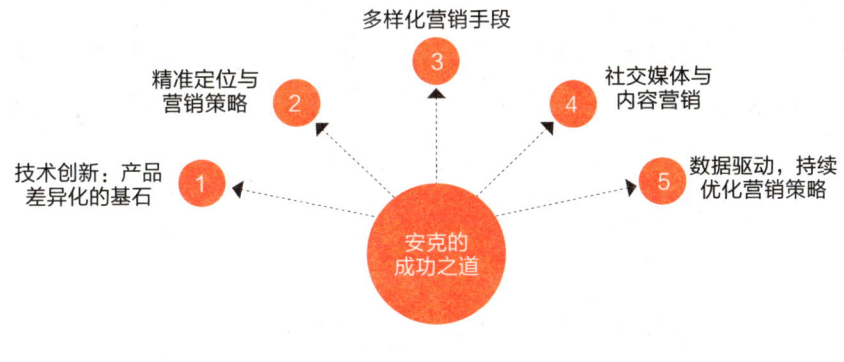

图 1-2

1. 技术创新：产品差异化的基石

充电器行业的市场竞争十分激烈，要想保持竞争力，就要进行技术创新。安克在研发板块全面发力,推出了一系列创新的充电产品,如 Anker Nano 充电器、Anker PowerCore 移动电源等。这些产品具有高效、安全、便携的特点,并且拥有独特的外观设计,满足了消费者对高品质充电体验的需求。

2. 精准定位与营销策略

安克在亚马逊平台上采用了精准的营销策略,使品牌得以快速成长。首先,安克对目标消费者进行深入分析,明确了产品定位——高品质、高性能。基于此定位,安克精心打造了品牌页面,展示详细的产品描述、高质量的产品图片和真实客观的用户评价,让潜在客户迅速了解品牌优势和特点,增强了他们的购买信心。

3. 多样化营销手段

为了进一步提升品牌知名度,安克在亚马逊上采用了多样化的营销手段。一方面积极参与亚马逊的各类促销活动,如"亚马逊会员日""黑色星期五"等,吸引了大量消费者的关注。另一方面,安克利用亚马逊的广告系统,针对潜在客户进行精准广告投放,提高了广告的转化率和投资回报率。安克还与亚马逊上的知名博主、网红合作,通过他们的影响力和口碑传播,提高了品牌曝光度。

4. 社交媒体与内容营销

除了在亚马逊平台上进行营销,安克还充分利用社交媒体和内容营销来增强品牌影响力。安克在 Facebook、Instagram、X 等平台建立了官方账号,定期发布产品资讯、使用教程、用户评价等,与消费者紧密互动。安克还制作了多个高质量的视频,如产品开箱评测,在 YouTube 等视频平台上进行推广,让品牌获得了更高的知名度和美誉度。

5. 数据驱动，持续优化营销策略

安克在亚马逊上的成功，离不开其数据驱动的营销策略。安克通过对用户搜索过的关键词和用户过往购买行为的分析，准确把握市场需求和消费者偏好，优化产品和定价策略。安克还利用数据评估广告效果和用户反馈，对广告投放策略和内容营销方案进行升级和改进，让每一次的营销投入都产生最有效的回报。

1.5.2 途明（TUMI）：高端定位，精准营销

途明是来自美国的高端旅行装备品牌，在亚马逊平台上积累了为数众多的高端用户，是该领域当之无愧的头部品牌。其成功之道有以下几个方面，如图1-3所示。

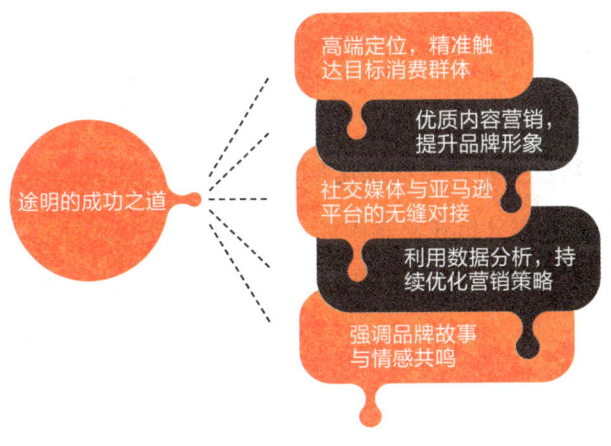

图1-3

1. 高端定位，精准触达目标消费群体

途明定位于高端旅行装备市场，在亚马逊上的营销策略紧密围绕目标消费群体展开。途明设置了关键词，对目标客户进行精准的广告投放，

成功吸引了大量有高端旅行装备需求的消费者。同时，途明还利用亚马逊的推荐算法对潜在的目标客户进行推送，提高了品牌的曝光率。

2. 优质内容营销，提升品牌形象

在亚马逊平台上，途明不仅注重产品的销售，更重视品牌形象的塑造。途明在官方页面上的产品描述详细且吸引人，展示了产品的独特卖点，还结合高质量的图片和视频，为消费者提供全方位的购物体验。除此之外，途明还积极参与"亚马逊独家销售计划"和"亚马逊发明家计划"等项目，提供独家产品和限量版商品，使品牌更加具有吸引力。

3. 社交媒体与亚马逊平台的无缝对接

途明充分利用社交媒体的力量，与亚马逊平台形成无缝对接。该品牌在 Instagram、Facebook 等社交媒体平台上发布旅行小贴士、产品测评等相关内容，引导消费者关注品牌，并通过访问亚马逊官方店铺进行购买。途明还与亚马逊 Prime 会员服务紧密合作，为 Prime 会员提供专属优惠和快速配送服务，提高了消费者的体验感，增强了消费者的忠实度。

4. 利用数据分析，持续优化营销策略

途明认为数据分析在营销中非常重要。例如，根据数据分析结果，途明发现某些款式或颜色的产品更受消费者欢迎，就会增加这些产品的库存和曝光率；或者发现某些营销活动的效果不佳，途明会及时调整策略，避免资源浪费。

5. 强调品牌故事与情感共鸣

途明在营销过程中展示了产品的功能和品质，同时注重讲述品牌背后的故事和价值观。用故事的形式分享品牌的创建历程、设计理念和对品质的坚持，从而与消费者建立深层次的情感联结。这种情感共鸣能够增强消费者对品牌的认同感，促使他们为品牌买单，并且形成口碑传播。

第2章

准备阶段——市场研究与产品选择

2.1 进行市场需求分析和竞争分析

2.2 选择适合跨境销售的产品

2.3 把控产品品质，注重考量细节

2.4 了解目标市场的法规与条例

2.5 确定合适的供应链与供应商

2.1 进行市场需求分析和竞争分析

卖家要想在亚马逊平台上闯出一片天地，就要进行深入的市场需求分析和竞争分析。要精准把握市场需求，明确产品定位，直击消费者痛点。细致的竞争分析能使卖家洞察行业态势，找到自身的差异化优势。

2.1.1 深化市场需求分析策略

对市场需求进行分析，不能仅了解当前市场状况，更要对市场的未来趋势做精准预测和把握。

1. 分析消费者行为

（1）构建消费者画像

构建消费者画像能够帮助卖家更好地理解目标市场，更准确地定位产品，制订有针对性的营销策略。卖家可以利用亚马逊提供的工具和数据构建详细的消费者画像，分析年龄、性别、地域、收入水平、教育程度、职业分布等基本信息，挖掘购买习惯、偏好、品牌忠实度等深层次特征。

（2）分析购买决策路径

购买决策路径是指消费者从产生需求到完成购买的整个过程。卖家对这一过程进行分析，有助于找到影响购买决策的关键点。例如，要了解消费者是如何获取产品信息的，是利用搜索引擎还是看到了广告？他们对产品评价的重视程度如何？对价格是否敏感？这些信息有助于卖家优化产品，提升用户体验，从而促进销售。

2. 分析市场趋势

（1）分析技术趋势

科技的飞速发展带来了众多新兴技术，不断改变着消费者的生活方式和购物习惯。例如，大数据技术使个性化推荐成为可能，物联网技术则让智能家居产品日益普及。卖家要密切关注这些技术趋势，分析它们如何影响市场需求和消费者行为，及时调整产品策略和市场定位。

（2）分析社会文化趋势

社会文化趋势也会对市场需求产生深远影响。例如，随着大众环保意识的提升，消费者对绿色产品的需求不断增加；人们对健康生活方式的推崇，促使更多人关注有机食品和健身器材等产品。卖家要紧跟社会文化趋势，开发符合市场需求的新产品，满足消费者的多元化需求。

3. 市场的细分与定位

（1）细分多维度市场

要想制订差异化的营销策略，就要对市场进行细分。传统的划分方式是根据地理、人口进行细分，如今卖家还可以从心理、行为等角度细分。例如，了解消费者的价值观、生活方式、使用场景等，可以更准确地把握市场需求。

（2）精准的市场定位

分析市场需求并对市场进行细分之后，卖家就要找到自身产品或服务的定位，确定目标消费者群体。例如，卖家的目标消费者是追求时尚的年轻人，其产品设计就要注重时尚元素和个性化；若目标消费者是注重健康的家庭主妇，产品则应强调健康、环保等卖点。

2.1.2 竞争分析的升级策略

竞争分析是指对竞争对手进行评估,深入剖析行业竞争结构和自身优势,以便扬长避短。

1. 波特五力模型的应用

(1)分析行业竞争结构

分析行业竞争结构时,可以使用波特五力模型。波特五力模型是一种分析行业竞争态势的工具,涉及五个维度:行业内竞争者的威胁、潜在进入者的威胁、替代品的威胁、供应商议价能力和购买者议价能力。卖家可以通过对这五个维度进行分析,有效评估行业的竞争态势,制订有效的竞争策略。

①行业内竞争者的威胁:分析主要竞争对手的市场份额、产品特性、价格策略、营销策略等,识别其优势和劣势。②潜在进入者的威胁:评估新进入者可能带来的威胁,需要考虑行业进入壁垒、市场规模和增长潜力等。③替代品的威胁:分析替代品对市场需求的影响,评估替代品与自身产品的竞争关系。④供应商议价能力:分析供应商在价格、质量、交货期等方面的控制力强弱情况,并评估其对自身业务的影响。⑤购买者议价能力:评估购买者的议价能力,以及他们在价格、服务等方面的要求。

(2)竞争对手矩阵构建

基于市场份额、增长率、利润率等关键指标,构建竞争对手矩阵。卖家可以通过对比分析不同竞争对手的优势和劣势,明确自身在市场中的位置,为制订策略提供依据。

2. 识别与构建竞争优势

（1）价值主张分析

价值主张是指产品或服务对消费者的独特吸引力。要分析竞争对手的价值主张，识别自身产品或服务的独到之处，构建差异化的竞争优势。例如，竞争对手的产品在价格上有优势，卖家就可以强调自身产品在品质、创新或服务等方面的优势。

（2）资源与能力评估

评估自身在技术、品牌、渠道、供应链等方面的资源和能力，从而找到潜在的竞争优势。随后整合资源，不断提高自身能力，构建持续性的优势。例如，卖家在技术方面有优势，就可以加大研发投入，推出更多新产品；品牌知名度较高，就可以加强宣传和推广，进一步提升品牌影响力。

3. 模拟策略互动与长期竞争规划

（1）模拟策略互动

卖家可以使用博弈论的方法，模拟竞争对手可能的反应。要分析不同策略带来的收益和风险，灵活应对对手的反击。例如，当竞争对手发起价格战时，卖家应当提升产品质量，提高售后服务水平，而不是直接与对方展开价格战。

（2）长期竞争规划

市场需求和竞争态势始终处于变化之中，因此卖家要有长远的发展规划。要时刻关注行业发展趋势和技术创新动态，提前布局未来市场。例如，当卖家预测到某项新技术即将兴起时，可以提前投入研发力量，创造未来市场中的新产品；当卖家识别到新的市场机遇时，要积极拓展渠道和合作伙伴，为长期发展奠定基础。

2.2 选择适合跨境销售的产品

跨境电商的市场极为广阔，卖家要在五花八门的产品中精准选择适合自己的类别。这关乎卖家的市场定位和品牌形象，能够直接影响销售效果和利润空间。因此，卖家应当综合考虑市场趋势、消费者偏好、产品特性等多个方面，制订科学合理的选品策略。

2.2.1 分析市场需求与趋势

1. 捕捉全球消费热点

全球消费的热点能集中体现市场需求。卖家要善于捕捉这些热点，快速发现潜在的热销产品。例如，随着人们健康意识的不断提高，绿色有机食品、健身设备、环保材料等产品越来越受欢迎。

2. 关注季节性需求

某些类型的产品会在特定季节或节日期间销量激增，如冬季的保暖服饰、夏季的泳装、春节期间的对联和灯笼等。卖家要提前进行规划，根据季节性需求调整产品结构，应对市场变化。

3. 研究特定市场需求

不同国家和地区的市场有不同的产品需求，卖家要根据目标市场的文化、气候、消费习惯等因素，选择适合当地的产品。例如，在欧洲市场，高品质和富有设计感的家居用品十分畅销；在北美市场，消费者更关注户外运动相关产品和电子产品。

2.2.2 评估产品竞争力，实现差异化布局

跨境电商市场竞争激烈，要想提升竞争力，就要实现产品的差异化布局。

1. 分析竞争对手产品线

调研和分析竞争对手的产品线，了解其产品布局、价格策略、营销策略等，可以为卖家选择产品类别提供参考。如果竞争对手在某一类产品领域占据压倒性的优势，卖家就要考虑避开该领域，选择其他有潜力的产品。

2. 挖掘自身优势资源

卖家要充分挖掘自身的优势资源，从供应链、产品设计、品牌宣传等方面入手，让自己的产品与众不同。例如，卖家在设计方面有较强的实力，就应当推出有设计感的独家产品；卖家在供应链方面具备优势，就要考虑提供定制化、个性化的产品或服务。

3. 创新驱动，引领市场潮流

实现产品差异化的关键在于创新。卖家可以通过引入新技术、新材料，或者为产品增加新的设计元素等方式，打造自身的独特卖点，吸引消费者的关注，引起他们的购买欲望。

2.2.3 聚焦潜力品类，精准定位市场

卖家要善于寻找市场上的潜在需求，选择有潜力的产品，进行提前布局。具体举例如下。

1. 电子产品与智能家居

随着科技的进步，消费者对智能化生活的追求日益增强，电子产品

与智能家居产品已经成为跨境电商的热门品类。卖家可以选择功能强大、品质优秀的电子产品，如智能手表、智能音箱等；也可以选择目前备受消费者青睐的智能家居产品，如智能门锁、智能照明系统等。

2. 时尚服饰与配饰

时尚服饰与配饰是传统的热门品类。卖家要根据目标市场的消费习惯和审美趋势，选择适合不同消费者的产品。例如，在服装品类下，针对年轻群体，可以推出个性化的潮流服饰；针对中老年群体，就要提供注重品质和舒适度的经典款式。

3. 健康与美容产品

消费者对健康和美容的关注度不断提高，相关产品也成了新兴的热门品类。卖家如果在该领域布局，一定要选择经过严格的科学验证、拥有良好口碑的产品。

4. 玩具与儿童用品

玩具与儿童用品的市场需求十分稳定，是跨境电商卖家的良好选择。卖家在挑选产品时，要注重安全标准和教育意义。例如，益智玩具、科普性童书在各个国家和地区都受欢迎；涉及儿童健康的产品也有很大的市场潜力，如儿童营养品等。

2.2.4 制订灵活的策略，持续优化产品组合

市场需求和消费者偏好始终处于动态的变化之中，卖家在选择产品种类时要有敏锐的洞察力和灵活应变的能力，要持续优化产品组合，保证自身的市场竞争力。

1. 定期评估产品线表现

卖家要定期评估产品线的市场表现和销售数据，识别哪些产品表现

优异，哪些产品需要改进或淘汰。卖家可以根据分析结果及时调整产品结构，适应需求的变化，提升盈利能力。

2. 引入新品，淘汰滞销品

当市场上出现新的需求时，卖家要及时引入新产品，淘汰滞销品。引入新品之前要经过充分的市场调研和风险评估，以使产品符合市场需求，有较高的竞争力。对于长期滞销的产品，要及时调整价格或进行促销，一旦其失去市场要果断淘汰，避免库存积压。

2.3 把控产品品质，注重考量细节

产品的品质关乎卖家的品牌信誉，优秀的产品品质能够吸引并留住顾客，提升复购率。因此，卖家要全流程把控产品品质，从挑选供应商到管控生产质量，保证每一件商品都能达到甚至超越顾客的预期。

2.3.1 建立品质把控体系

1. 制订品质标准

卖家要明确产品定位和目标市场，了解市场对于产品品质的需求，结合自身的能力、资源和品牌诉求，制订一套有竞争力的品质标准。然后根据产品类型，对各项指标进行细化。例如，对于电子类产品，要关注续航能力和系统稳定性等指标；对于服装类产品，要注重面料成分、做工精细度、穿着舒适度等方面。

2. 提升品质检验能力

卖家可以利用网络资源、专业书籍自学，也可以参加线上课程的培训，学习产品检验的基础知识。要重点了解如何识别常见的产品缺陷，如何对产品进行初步质量评估，还要学会使用专业的工具和方法提升检验效率。卖家不但要学习理论知识，还要学会通过实践操作不断积累经验。初期可以从小批量产品开始检验，逐步扩大规模。每次检验后，记录发现的问题，提出解决方案，形成个人的知识库。

3. 建立品质档案与追踪系统

卖家要为每款产品建立详细的品质档案，记录好质量标准、检验记

录、问题反馈和改进措施等内容，方便随时查阅和追踪产品品质的变化。卖家还可以利用亚马逊提供的订单管理工具，追踪买家的反馈和评价。遇到负面反馈时，要及时与买家沟通，了解具体情况，判断问题所在并加以解决，最后根据反馈调整品质标准或检验流程。

2.3.2 具体考量流程

1. 产品来源与供应商管理

（1）筛选与评估供应商

卖家在选择供应商时，要先进行全面细致的筛选和评估。首先，要了解供应商的信誉和口碑，追溯其过往合作案例和客户反馈。其次，要考察供应商的生产能力，包括生产规模、设备先进程度、员工技术水平等，确保满足订单需求并稳定供货。最后，要重点评估供应商的品质控制能力。卖家应当要求供应商提供详细的质量控制流程和品质检测报告，必要时到现场考察供应商的生产环境和管理水平。

（2）检验与确认样品

初步选定供应商之后，卖家还要对样品进行检验。样品检验要涵盖外观检查、功能性测试、耐用性测试等多个维度，模拟实际的使用场景，测试样品的各项性能指标，确保样品完全符合卖家的品质要求。如果卖家和供应商是初次合作，那么建议进行多次样品检验，直至确认样品稳定可靠后再进行批量采购。

（3）建立长期合作关系

卖家要设法找到优质供应商，与之建立长期稳定的合作关系。这样能够保证品质的稳定性，并且在供应链管理上形成协同效应，降低采购成本和风险。卖家一方面要和优质供应商定期沟通，分享信息，共同制订生产计划和质量标准；另一方面要建立有效的反馈机制，及时解决合作过程中出现的问题，增强彼此的信任和联系。

（4）合同约束与品质保证

与供应商签订合同时，卖家要在合同中列明品质要求、检验标准、违约责任等条款，为后续的合作提供法律保障。在履行合同的过程中，卖家要严格按照合同约定的检验标准和流程进行验收，不合格的产品禁止入库。

2. 产品检验与测试

（1）到货检验流程

卖家要确立详细的到货检验流程，确保采购的产品符合品质要求。首先，要核对产品数量，确保到货数量与订单上的数量一致。其次，进行外观检查，核验产品包装是否完好、标识是否清晰、有无破损或污染。最后，进行功能性、耐用性和安全性测试，检查产品在实际使用过程中的工作情况是否满足预期的性能要求。例如，对于电子产品、机械设备等具备特定功能的产品，要检测产品在实际使用场景下的各项功能测试情况，如启动时间、响应速度、处理能力等。如果测试结果不符合要求，要及时与供应商沟通，协商探讨解决方案。对于易损或关键部件，建议进行100%检验；对于一般部件，可采用抽样检验的方式，降低检验成本。

（2）引入第三方检测机构

为了提高品质检验的可靠性和公正性，卖家可以和具有公信力的第三方检测机构合作。这些权威机构有先进的检测设备和专业的技术人员，能够对产品进行全面而准确的检测，从而为品质把控提供有力支持，提升自身在消费者心目中的信誉度和品牌形象。在选择第三方检测机构时，卖家要关注机构的资质、服务范围、检测能力和用户评价等，找到最合适的合作伙伴。

2.4 了解目标市场的法规与条例

跨境电商意味着卖家要和各个国家的市场打交道,因此必须应对各国的法律法规和监管要求。卖家要顺利开展业务,避免潜在的法律风险,就必须深入了解并遵守以下这些目标市场的法规与条例。

2.4.1 产品合规性法规

1. 产品安全标准

在不同国家和地区,对于产品安全的标准和要求各不相同。例如,美国的消费品安全委员会制定了一系列严格的安全标准,涵盖儿童玩具、家用电器、家具等多个领域。卖家在美国亚马逊平台上销售的产品均需通过消费品安全委员会的认证,附加相应的安全警示标签。而在欧盟市场,CE 标志是产品进入流通领域的关键通行证,象征着产品符合欧盟在安全、健康、环保等方面所设定的基本要求,因此对于有意在欧盟市场开展销售业务的卖家而言,必须确保产品通过 CE 认证。日本、韩国等国家也有各自的产品安全认证体系,卖家要根据自身条件及目标市场具体情况谨慎选择产品,并积极申请相关认证。

2. 成分与标签要求

为了保证消费者对想要购买的产品有足够的了解,许多国家和地区对产品的成分标注和标签规范提出了明确的要求。例如,在化妆品和食品领域,各国都要求详细列出成分表,并遵守特定的标签规定。卖家在销售这类产品时,要确保包装上的标签信息准确无误。还需注意的是,标签的语言和格式应当符合目标市场的规定，避免因标签问题导致的法律纠纷。

2.4.2 知识产权法规

1. 商标与版权保护

卖家在亚马逊平台上销售的产品，要保证不侵犯他人的知识产权，在产品图片、详情页描述、包装设计等方面都需要多加注意。卖家要进行充分的市场调研，了解同类产品的商标和版权情况，不使用已经被注册的商标，不侵犯同类产品的版权。如果发现平台上存在类似产品，卖家就要考虑更改产品设计或者得到合法授权。除此之外，卖家要定期对所售产品进行检查，避免发生无意中侵犯他人知识产权的行为。

2. 专利保护

如果卖家销售的是创新性的产品，就要特别关注目标市场的专利保护情况。在销售之前要进行专利检索，确认产品没有侵犯他人的专利权。发现潜在的侵权风险时，卖家要及时更改产品设计。若没有侵权，卖家就要考虑为自己的产品申请专利保护，维护自身的合法权益。申请专利时，卖家要了解目标市场的专利制度和申请流程，加快申请速度，保证专利的时效性。

2.4.3 税务与海关法规

1. 进口关税与增值税

全球各地对进口商品征收的关税和增值税各不相同。卖家要了解目标市场的税率和征税规则，准确计算成本，为产品合理定价。例如，美国对于进口商品征收进口关税和其他杂费；而在欧盟市场，除了要缴纳关税，还需缴纳增值税。卖家要密切关注税率的变动情况，调整产品的定价策略。此外，还要关注是否有税收减免或优惠政策。

2. 海关申报与清关

商品在跨境运输过程中，要经过海关清关环节。卖家要了解目标市场的海关申报流程，准备必要的文件和资料，以便顺利通过海关检查。要提供的资料包括发票、装箱单、产地证等。卖家还要了解哪些商品是禁运或限制进口的，切勿运输违禁品或受限商品，以免触犯当地法律，造成经济损失。在申报过程中，卖家要保证提供的信息真实、准确、完整，在海关进行审查时，能够快速、顺利地办完清关手续。

2.4.4 消费者保护法规

1. 退换货规则

不同国家和地区对消费者退换货有不同的规定。卖家要了解并遵守当地的退换货规则，保障消费者的权益。在制订退换货规则时，卖家要明确退换货条件、流程和时限，并在店铺页面或产品详情页中详细标明。例如，美国的许多州都实行"无理由退货"政策；而在欧盟市场，卖家要在规定期限内接受消费者的退换货请求。

2. 隐私保护

卖家在收集、使用和存储消费者信息时，要遵守当地有关隐私保护的法规。例如，欧盟的《通用数据保护条例》对个人信息处理有严格的规定，要求企业采取必要的技术措施保证个人信息的安全。卖家要了解目标市场的法律法规要求，建立完善的信息保护制度。同时，要加强对员工的信息安全培训，避免泄露或滥用消费者的个人信息，还要在店铺的显著位置明确告知用户的信息收集和使用情况，提高消费者的信任度。

2.4.5 广告与促销法规

1. 广告内容规范

在亚马逊上进行广告宣传，要遵守目标市场的相关法律和规范。广告的内容应当真实、准确、合法，避免虚假宣传和误导性陈述。例如，美国联邦贸易委员会对广告的真实性有严格要求；欧盟则要求不得误导消费者或损害竞争对手的声誉。卖家在制订广告策略时，要充分了解目标市场的法规要求，使广告宣传合法且有效。

2. 促销活动规定

卖家若想参与亚马逊的促销活动，就要了解该平台的促销活动规定，包括活动的申报流程、优惠幅度、持续时间等。卖家要合理规划促销活动方案。例如，美国亚马逊要求卖家在申报时提供详细的活动计划和预算；欧盟则要求卖家在促销期间提供额外的消费者保障措施。卖家要密切关注亚马逊上的促销活动信息，增强活动效果，降低法律风险。

2.5 确定合适的供应链与供应商

供应链和供应商能够直接影响产品的成本、质量和客户体验。建立科学的供应体系,有助于优化运营效率,降低运营风险。与此同时,卖家与供应商的合作关系也要从价格谈判延伸至品质保障和战略协同。卖家要选择合适的供应链和供应商,保障产品质量,合理控制成本,提高运营效率。

2.5.1 选择合适的供应链

1. 分析产品特性与市场需求

在选择供应链之前,卖家首先要明确自身的产品特性和市场需求。不同的产品对应不同的供应链,例如,易变质或需要快速周转的商品要选择具备高效物流能力的供应链;而定制化产品则需要选择具备生产灵活性的供应链。市场需求与供应链之间也存在紧密联系,市场需求的大小直接决定选择何种生产规模的供应链。

2. 评估供应链的稳定性和可靠性

供应链的稳定性和可靠性,直接关系到卖家的运营效率和客户满意度。卖家要对供应链做细致的前期考察,了解供应链的历史表现、客户反馈和风险管理能力。当卖家面对突发情况时,供应链应当保持连续性和稳定性,帮助卖家渡过难关。此外,卖家还要了解供应链的应急计划,当生产环节或物流环节出现问题时,供应链应当提供可靠的备选方案,保证产品的顺利交付。

3. 考虑成本和效益

选择供应链时，要特别关注成本和效益。卖家要对供应链的总成本进行细致分析，包括采购成本、运输成本、库存管理成本等，将这些数据与预期的销售收益进行对比。卖家可以通过对成本和效益的分析，评估不同供应链的性价比，最终选择经济效益最高的供应链方案。

4. 关注供应链的技术创新和服务能力

随着科技的不断发展，技术创新成为提高供应链效率的重要手段。卖家在进行选择时，要关注供应链是否采用了新技术，如先进的物流管理系统、自动化仓储设备等。技术水平高的供应链，能提高物流效率并降低成本。供应链的服务能力同样需要卖家加以重点考量，订单处理速度、售后服务质量都会直接影响卖家的客户满意度。

2.5.2 选择合适的供应商

1. 明确供应商选择标准

卖家要从自身的业务需求和产品要求出发，制订一系列选择标准，找到最合适的供应商。这些标准包括产品质量、交货能力、价格和售后服务等。卖家设定明确的选择标准，可以更有针对性地筛选潜在供应商，提高选择效率。

2. 进行供应商尽职调查

尽职调查是选择供应商的重要环节。卖家要对潜在供应商进行深入的调查，了解其在生产资质、生产能力、过往业绩和商业信誉等方面的情况。要查阅供应商提供的资料，与供应商进行面对面交流，参观供应商的生产现场，还要向其服务过的客户进行咨询。尽职调查能让卖家更全面地了解供应商的实力和可靠性，降低合作风险。

3. 评估供应商的财务状况

供应商的财务状况直接关系到其供货能力和稳定性。卖家在选择供应商时，要查看对方的财务报表，关注其资产流动性和盈利能力。财务状况良好的供应商有能力应对市场波动和风险，更有可能提供稳定的供货保障。

4. 考虑供应商的地域分布

供应商所处的地域对物流成本和配送效率有重要影响。卖家在选择供应商时，要综合考虑运输距离、交货时间等因素，选择最优的供应商布局。对于需要定制化生产的产品，卖家应当考虑在目标市场附近设立生产基地或寻找可以合作的供应商，这样能缩短交货周期，提高响应速度。

2.5.3 与供应商建立稳固的合作关系

1. 签订明确的合同协议

双方应当签订明确的合同协议，规定好各自的权利和义务。合同内容包括产品规格、质量标准、交货期限、付款方式、售后服务等，保障双方的合作正常进行。合同中还应包含违约责任和争议解决机制等条款，以便在出现纠纷时能够及时处理和解决，保护双方的合法权益不受侵害。

2. 建立定期沟通和反馈机制

卖家与供应商之间要建立定期沟通和反馈机制，就日常工作和可能出现的问题及时沟通。双方要定期召开线上或线下会议，总结前期的合作经验，分享市场信息和客户需求的变化趋势，及时调整供货计划和产品策略。卖家还可以对供应商的表现进行评价，帮助其改进服务质量。

3. 共同制订质量标准和检验流程

卖家要与供应商共同制订质量标准和检验流程,以保证生产出来的产品质量稳定,能够满足客户需求。双方协商确定产品的关键质量指标和检验标准,制订相应的检验流程和品控措施。这一标准和流程对双方都做出了约束,能够促进产品符合质量要求,减少因质量问题导致的客户投诉和退货风险。

4. 激励和约束供应商行为

为了让供应商持续提供高质量的产品和服务,卖家可以对供应商采取激励措施。例如,对于表现优秀的供应商,卖家可以加大订单量或者给出价格优惠,激励供应商再创佳绩;对于表现不佳的供应商,则可以减少订单或延长付款期限,对供应商进行约束。激励措施和约束措施相结合,可以引导供应商提高产品和服务质量,有助于实现双方共赢发展。

5. 培养长期合作伙伴关系

供应链的稳定性和可靠性往往建立在长期合作的基础上。卖家要与供应商建立互信、互助的伙伴关系,共同分享胜利的成果,共同面对挑战和风险。双方要定期交流,商议和解决问题,以加深对彼此的了解和信任,形成紧密的利益共同体。同时,卖家还可以考虑与供应商开展联合研发、市场开拓等合作项目,进一步巩固双方的关系,从而提升市场竞争力。

第3章

开店阶段——
开设亚马逊店铺的
步骤与技巧

3.1 注册与设置亚马逊卖家账户

3.2 选择合适的店铺类型和卖家计划

3.3 优化产品列表与商品页面

3.4 借助亚马逊广告和促销工具

3.5 建立品牌与客户信任度

3.1 注册与设置亚马逊卖家账户

卖家在亚马逊平台上开设店铺的第一步,就是注册并设置亚马逊卖家账户。这个过程相对简单,但是每一步都要仔细操作,保证注册信息的准确性和账户的安全性。

3.1.1 注册流程

卖家在亚马逊平台上的注册流程如图 3-1 所示。

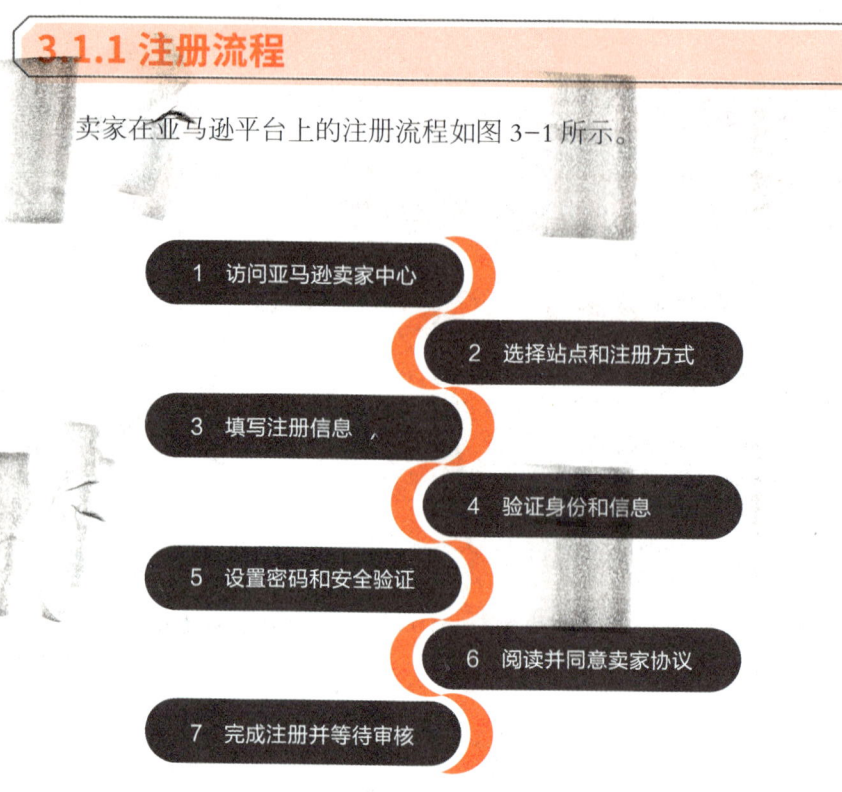

图 3-1

1. 访问亚马逊卖家中心

卖家可以使用浏览器访问"亚马逊全球开店"官网。这是亚马逊官方提供的全球开店服务入口,卖家可以在该网站上进行注册。

2. 选择站点和注册方式

亚马逊提供了多个站点供卖家选择,如北美站、欧洲站等,卖家要根据目标市场和业务需求,选择合适的站点进行注册。

选好站点后,卖家需要选择合适的注册方式。有两种注册方式可供选择:个人注册和专业卖家注册。个人注册适合偶尔销售商品的卖家,注册流程相对简单;专业卖家注册适合长期、大规模销售商品的卖家,注册流程相对复杂,但可以使用更多功能,并且获得亚马逊的官方支持。

3. 填写注册信息

点击"注册"按钮,进入注册信息填写页面。在这个页面上,卖家需要按照提示逐一填写以下信息。

①公司基本信息:包括公司名称、地址、联系电话、电子邮箱等。这些信息将用于验证卖家的身份和联系方式。

②法定代表人信息:包括法定代表人的姓名、身份证号码、联系电话和电子邮箱。这些信息将用于进一步验证卖家的身份和资质。

③银行账户信息:提供用于收款的银行账户名称、账号和开户行信息。这些信息将直接关系到卖家在亚马逊平台上的资金结算。

在填写这些信息时,要保证准确、完整,一旦出现错误或遗漏,就可能导致注册失败,或是给后续运营带来麻烦。

4. 验证身份和信息

注册信息填写完毕后,亚马逊会要求卖家进行身份验证和信息验证。这一步是为了确保卖家的身份真实有效,防止虚假注册和欺诈行为。亚马逊会要求卖家上传公司营业执照、法定代表人身份证等文件的扫描件或照片。上传的文件要清晰、完整，符合亚马逊的要求。如果文件不够清晰，可能会导致验证失败，延长注册时间。

5. 设置密码和安全验证

注册时，卖家需要设置一个账户密码，并进行安全验证。这是为了保证卖家账户的安全，防止未经授权的访问和操作。

设置账户密码时，需要选择复杂且难以猜测的密码组合，要包括大小写字母、数字和特殊字符。卖家应尽量为亚马逊账户设置独立的密码，与其他网站或服务的密码相区别，这样可以提高账户的安全性。

输入手机号码接收验证码，进行安全验证，随后设置安全问题。手机号码应当准确且可用，能够保证及时接收验证码。设置的安全问题应易于记忆且外人难以猜测答案，这样当你忘记密码时，可以通过回答安全问题找回密码。

6. 阅读并同意卖家协议

在注册过程中，卖家需要阅读并同意亚马逊的卖家协议。这份协议详细规定了卖家在亚马逊平台上的权利、义务和责任，还涵盖对产品质量、客户服务、合规经营等方面的要求。请务必仔细阅读并理解协议内容，确保能够遵守协议的规定，在亚马逊平台上合规经营。如果违反规定，可能会导致账户受限或店铺被强制关闭等严重后果。

7. 完成注册并等待审核

填写完所有注册信息并完成身份验证后，点击"提交"按钮完成注册。此时，卖家的注册信息将提交给亚马逊平台进行审核。审核时间因站点和注册方式而异，通常需要几天到几周不等。在审核期间，请保持手机和电子邮箱的畅通，以便能够顺利接收亚马逊的审核通知。如果审核通过，卖家将收到亚马逊的确认邮件，可以开始设置账户；如果审核未通过，卖家需要根据亚马逊的反馈进行修改，并重新提交注册信息。

3.1.2 设置账户

设置账户的流程如图 3-2 所示。

图 3-2

1. 完善账户信息

登录亚马逊账户后，卖家首先要完善账户信息。卖家需要填写更详细的公司信息、联系方式、银行账户信息等，这些信息应当是最新且最准确的，方便亚马逊平台及时与卖家取得联系，处理相关事务。

2. 设置支付方式和收款方式

在卖家中心，卖家可以设置支付方式和收款方式。一方面要设置银行账户信息，用于接收销售款项；另一方面要设置信用卡信息，用于支付平台费用。卖家提供的支付和收款方式都应当是有效且可用的，这样才能与平台顺利进行资金结算。

3. 完善税务信息

根据目标市场所在的国家和地区以及销售的产品类别，卖家需要完善税务信息，如填写税务登记号、选择适用的税率等。请务必按照当地税法规定填写相关信息，确保销售活动符合法律法规的要求，避免潜在的税务风险。

4. 设置店铺信息和品牌页面

在卖家中心，卖家可以设置店铺信息、装饰品牌页面，如上传店铺Logo、填写店铺简介、撰写品牌故事等。这些信息可以提升店铺形象，吸引潜在的顾客。专业且有趣的店铺页面能提高顾客的信任感，激发他们的购买意愿。

5. 设置物流方式

卖家需根据销售需求和产品特性，在卖家中心设置物流方式。卖家可以选择适合自己的配送方式、设置运费模板等。合理的物流方式能够降低运营成本，提高物流效率和客户满意度。

6. 添加产品信息，制订价格策略

卖家可以在卖家中心添加产品信息，展示和推广产品。填写的产品信息应当是准确、完整的，让顾客能够在充分了解产品特性的基础上做出购买决策。要根据产品成本和市场情况制订合理的价格策略，可以考虑使用动态定价策略，灵活调整价格，以吸引更多顾客并提高销量。

3.2 选择合适的店铺类型和卖家计划

在亚马逊平台上,卖家可以选择两种主要的店铺类型:个人店铺和专业店铺。这两种类型分别对应两种卖家计划——个人计划和专业计划,能够适应不同的业务规模和需求。

3.2.1 个人店铺与专业店铺

个人店铺主要针对偶尔销售商品的卖家。这种店铺的优势在于没有月度订阅费,对那些预算有限的卖家来说,这是一个非常诱人的选择。当然,个人店铺可以使用的功能也较为有限,缺乏批量上传工具和详细的销售报告,可能会限制卖家业务的扩展。个人店铺卖家每售出一件商品,就要向平台支付一定的费用,这会压缩卖家的利润空间。

专业店铺适合长期销售商品的卖家。它提供了更多的功能,包括批量上传、订单管理、高级业务报告等,这些功能可以帮助卖家更有效地管理库存和销售商品。专业店铺需要支付月度订阅费,但允许无限制地销售商品。平台会为专业店铺提供更多销售选项,给予其更多的曝光机会。对于那些希望扩大业务规模的卖家来说,专业店铺是更好的选择,因为它具有更大的销售潜力。

3.2.2 评估业务需求

在选择店铺类型之前,卖家要对自己的业务需求进行评估。

1. 销售频率

你计划每月销售多少商品？如果预计会有较高的销量，选择开设专业店铺更合适，你可以借助无限制销售的优势多售卖商品，分摊月度订阅费用。

2. 功能需求

你是否需要批量上传商品，使用复杂的库存管理工具，或是定期获取销售报告？这些功能只提供给专业店铺。如果你的业务需要这些高级功能，那么就应该选择开设专业店铺。

3. 成本考量

开设专业店铺需要缴纳月度订阅费用，你要评估这是否符合自己的预算和预期收入，可以计算月度订阅费用与潜在收入之间的关系，在经济层面确定哪种店铺更合适。

4. 长期规划

你希望在平台上短期售卖还是长期发展？如果你有一个长期规划，那么更适合开设专业店铺。专业店铺能提供更加丰富的工具和功能，可以帮助你实现长期的业务增长。

5. 市场竞争力

专业计划可以帮助你更好地与竞争对手抗衡，特别是在广告和促销方面。专业卖家有更多机会参与亚马逊的营销活动，可以提高产品的曝光度和销售潜力。

3.2.3 实用性建议

以下是一些实用的建议，能帮助你选择最适合自己的店铺类型和卖家计划。

1. 从个人店铺开始

如果你是首次在亚马逊上销售产品，或者不确定未来的业务规模，可以考虑从个人店铺着手。这种类型的店铺没有月度费用，因此你无须大规模投资，可以先对市场进行测试，等更加深入地了解市场，并且销量开始增加后，再考虑升级到专业店铺。

2. 适时升级

随着业务的发展，你要根据销售情况和业务需求适时升级到专业店铺。亚马逊允许卖家在个人店铺和专业店铺之间转换，以适应业务的变化。这种灵活性能让你随时调整策略，实现利润的最大化。

3. 利用免费试用机会

亚马逊为新卖家提供了免费试用专业计划的机会。你可以利用这个机会，在不承担额外成本的情况下体验专业计划的功能，评估它是否适合你的业务。试用期是测试专业计划效果的好时机，你可以比较专业计划与个人计划的销售数据，做出更明智的决策。

4. 监控销售数据

定期监控销售数据，包括销量、收入和成本。这些数据能帮助你决定是否需要升级到专业店铺或专业计划。你可以通过分析销售趋势和成本结构，更好地理解不同店铺类型和卖家计划对业务的影响。

5. 评估长期成本和收益

在选择店铺类型和卖家计划时，不但要考虑短期成本，还要评估长期的成本和收益。专业计划虽然有月度费用，但其提供的高级功能和销售机会可能会带来更高的收益。卖家要考虑业务增长潜力和市场趋势，做出最恰当的选择。

3.3 优化产品列表与商品页面

在亚马逊平台上，优化产品列表与商品页面，能够提升销售表现并吸引潜在客户。因此，卖家要精心策划和执行该措施，以便提高产品的曝光度，增加转化率。

3.3.1 优化产品标题

买家在搜索商品时，一般最先看到的是产品标题。因此，一个好的产品标题的重要性不言而喻。优化得当的标题能提高搜索排名，还能吸引潜在客户的注意。

1. 关键词的斟酌与选择

买家与产品之间是通过搜索关键词进行连接的。卖家要对关键词进行细致的研究，包括但不限于亚马逊搜索栏、竞争对手标题、第三方关键词工具等。找到并确定与产品高度相关的关键词，将之巧妙地融入标题中，能够提高搜索引擎的抓取效率。需要注意的是，对关键词进行排列组合时要自然流畅，避免堆砌辞藻，让标题有高度的可读性和吸引力。

2. 明确产品信息

一个清晰明了的标题能让顾客迅速了解到产品的基本信息，如品牌名、产品名称、型号、颜色、尺寸等。这些信息能帮助买家判断产品是否符合需求，还能增加标题的权重，提高搜索排名。例如，"××品牌智能手环、心率监测、防水运动版、蓝色、L码"，这样的标题中既包含了关键词，又明确指出了产品的核心属性和规格。

3. 语言简洁明了

卖家要在有限的字数内精心策划标题的表述方式，准确传达产品信息，并且吸引潜在购买者的注意。标题要简洁明了，不要使用复杂词语。如果使用外语，要保证单词和语法正确。简洁有力的标题能够迅速抓住买家的眼球，提高点击率。

3.3.2 优化图片

在亚马逊平台上，高质量的图片能有效吸引顾客注意力，增强其购买意愿。卖家要充分利用图片展示产品的细节和特点。

1. 优化主图

产品的主图能够在顾客心中留下第一印象，必须清晰、专业，同时符合亚马逊的规定。主图的背景应为纯白，使产品位于图片中心位置，尽量展示单个产品（除非是多件套产品）。主图要直观展示产品的颜色、形状等关键信息。服装、鞋子等服饰类产品，要展示穿着效果，可以使用模特或真人展示。

2. 辅图补充

辅图是用来补充主图的，主要展示具体的产品细节和使用场景。卖家要提供多角度、多场景的辅图，如细节图、尺寸对比图等。辅图能帮助顾客更全面地了解产品，增强产品的说服力和吸引力。例如，如果你的产品是一款电饭煲，就可以将内胆材质展示图、烹饪过程图、清洗保养图等作为辅图。

3. 图片质量与格式

高质量的图片能更好地表现产品，直接影响到顾客的购物体验。卖家提供的所有图片都要以高清格式呈现，分辨率至少达到 1000×1000 像素以上。亚马逊接受JPEG、TIFF、PNG等格式的图片，不支持GIF格式的动图。

3.3.3 优化产品描述

卖家介绍产品的特点和优势时，需要进行产品描述。如果产品描述足够详细且有吸引力，就能吸引更多顾客，提高转化率。

1. 突出产品特点和优势

在产品描述中，卖家要清晰列出产品的所有功能和特性，重点强调产品的优势。例如，产品采用了独特的材质、工艺或技术特点，与市面上的同类产品相比，功能更加强大，等等。

2. 使用点列形式

产品描述要采用点列形式，分别列出关键信息，这样能大大提高可读性。每一点都要简洁明了地突出一个核心卖点，帮助买家快速理解。这种表述方式清晰易懂，能提高买家的阅读效率，降低跳出率。

3. 避免夸大其词

在描述产品时，卖家要坚持实事求是的原则，而不是夸大其词或虚假宣传。真实、客观的描述能赢得顾客的信任，让顾客放心购买。对产品性能、特点等的表述要清晰明确，不要使用模糊的用语或有歧义的表达方式。卖家向顾客提供翔实、准确的产品信息，可以树立诚信经营的形象，吸引更多潜在的消费者。

3.3.4 利用"A+内容"提升转化率

"A+内容"是亚马逊为品牌卖家提供的一种高级商品描述工具，允许卖家通过图片、文本和视频等多种形式来丰富商品页面。卖家可以利用"A+内容"进一步提升产品的吸引力,增加曝光度。

1. "A+内容"的申请与制作

卖家在通过品牌注册后,就可以申请开通此功能,制作高质量的"A+内容"展示产品的特点和优势。卖家在制作"A+内容"时,要发挥创意,提高内容的吸引力,可以拍摄精美的图片和视频,辅以生动的文字描述,将产品的卖点完全突出出来。"A+内容"应当与产品页面的整体风格一致,形成统一的品牌形象。

2. 突出品牌故事与价值观

卖家可以利用"A+内容"讲述品牌故事,传递品牌价值观,增强买家对品牌的认同感。全面展示品牌的历史、理念和文化等元素,有助于提升品牌的整体形象和吸引力,引起顾客的情感共鸣。这样能够激发顾客的购买欲望,促使顾客做出购买决策。

3. 优化布局与视觉效果

卖家在制作"A+内容"时要设计页面布局,优化视觉效果;要进行合理排版、精心配色,注重图片搭配,提升页面的美观度,让内容更有可读性。上佳的视觉效果和布局设计,可以吸引更多买家的关注,提高商品页面的点击率。

3.3.5 其他优化建议

除了上述几方面的优化,卖家还可以从以下几个方面入手,进一步改进产品页面的整体效果。

1. 关注顾客评价

顾客评价能够在很大程度上反映产品质量和服务水平。卖家要鼓励顾客积极在产品页面留下评价,并及时回复顾客的问题和反馈。当顾客给出负面评价时,卖家要认真分析原因,找出改进的办法。对于顾客的正面评价,卖家要表示感谢,随后分享和展示这些评论,甚至可以将评论置顶,以便增强其他顾客的购买信心。

2. 关注页面加载速度

页面加载速度会极大地影响消费者的购物体验。卖家要使用合适的图片和视频,定期优化页面的代码和图片资源,让页面能够迅速地响应、流畅地加载。

3. 持续监控与优化

优化产品页面是一个持续不断的过程。卖家要监控页面的表现数据,如点击率、转化率、跳出率等,并根据数据进行调整和优化。例如,当卖家发现某个关键词的点击率较低时,就要尝试更换关键词,使表达更加准确;发现某个辅图的吸引力不足时,就要考虑更换图片,提升吸引力。

3.4 借助亚马逊广告和促销工具

在亚马逊平台上,卖家要学会熟练地借助广告和促销工具提高产品可见性,吸引潜在顾客的注意。产品的曝光率越高,就越有可能增加销量,实现销售目标。

3.4.1 亚马逊广告工具

亚马逊平台为卖家提供多种广告工具,增加产品的曝光率。

1. 赞助产品广告

亚马逊平台上最常见、最直接的广告形式,就是赞助产品广告。赞助产品广告能提高产品在搜索结果页面和产品详情页面上的曝光率,吸引顾客的注意力。

(1)目标设定

卖家使用赞助产品广告进行推广,需要先明确推广的目标。是要提高品牌知名度,还是要增加特定产品的销量,或是处理积压的库存商品?明确目标之后,再制订有针对性的广告策略。

(2)关键词选择

关键词是否准确,会直接影响广告的展示频率和点击率。卖家可以利用亚马逊的关键词工具或第三方工具,找到与产品高度相关的搜索关键词。要综合运用广泛匹配、词组匹配和精确匹配等不同方式,扩大广告的覆盖范围,提高广告投放的精准度。

（3）预算管理

卖家应根据推广目标和产品利润，合理设定广告预算。在推广初期，建议卖家先设置一个较低的预算进行测试，再根据广告效果逐步调整。要密切留意广告的花费和回报率，让广告投入带来合理的收益。

（4）广告优化

广告上线后，卖家要密切关注广告的表现，包括点击率、转化率、广告支出回报率等指标，通过分析数据发现问题，及时调整关键词、产品价格和广告创意，以便获得最佳的广告效果。

2. 赞助品牌广告

赞助品牌广告，是品牌卖家在搜索结果顶部展示的自定义广告，其中包括品牌Logo、产品和自定义标题。这种广告形式能够提升品牌形象，增加产品的曝光机会。

（1）品牌展示

卖家一方面要使用高清图片展示和品牌相关的元素，如品牌Logo、品牌故事等，提升广告的视觉吸引力；另一方面要对广告页面进行精心设计和布局，让潜在顾客在众多搜索结果中一眼发现自家产品。

（2）产品组合

在选择展示的产品时，卖家要注重产品的互补性和关联性。卖家可以将多个相关产品组合在一起展示，这样既能够满足顾客的多种需求，又能提高整体销售潜力。

（3）落地页设计

顾客点击广告之后，卖家要将顾客引导至有吸引力的产品或品牌页面。这些页面不仅要有高质量的产品图片和产品描述，还应当有清晰的导航，让顾客能够快速了解产品并做出购买决策。

3. 亚马逊需求方平台

卖家可以利用亚马逊需求方平台，在亚马逊网站和应用之外的网络上投放广告，进一步扩大广告的覆盖范围。

（1）目标受众定位

卖家可以利用亚马逊提供的工具，精准定位目标客户群体，收集和分析他们的购物习惯、浏览历史等信息，制定个性化的广告策略。

（2）广告格式选择

亚马逊需求方平台支持多种广告格式，如横幅广告、视频广告等。卖家要根据自身产品的特点和目标受众的偏好，选择合适的广告格式。

（3）跨平台投放

需求方平台不但可以在亚马逊平台上使用，还支持卖家在合作网站上投放广告。卖家可以借助亚马逊需求方平台将产品推送到更广泛的受众中，提高产品曝光率。

3.4.2 亚马逊促销工具

亚马逊除了提供广告工具，还提供了多种促销工具，帮助卖家迅速提升销量和产品排名。

1. 限时促销

限时促销是鼓励顾客在短时间内完成购买的促销方式，通常采用打折或买一赠一等优惠形式。

（1）设置促销参数

卖家可以在卖家中心设置限时促销的参数，其中包括折扣力度、促销时间等。卖家要衡量平台上相似产品的价格，计算出一个有吸引力的促销价格——既能保证利润，又不会因过度打折造成损失。

卖家要选择一个合适的促销时间，通常为节假日、周末或发生特定事件时，这样能吸引更多顾客的关注。但要留意竞争对手的促销动态，尽量不要和对方选在同一时段促销，避免发生冲突。

（2）促销监控

促销期间，卖家要时刻关注促销效果，收集和分析销量、转化率等指标，根据分析结果及时调整促销策略，确保效果最大化。

2. 优惠券

发放优惠券是另一种常见的促销方式，顾客使用优惠券购买产品，相当于变相享受了折扣。

（1）优惠券类型

卖家可以根据自身产品的特点和促销目标，选择百分比折扣、固定金额折扣或买一赠一等不同类型的优惠券。

（2）优惠券分发策略

除了在亚马逊平台上分发优惠券，卖家还可以利用第三方渠道进行分发。例如，在社交媒体上分享优惠券链接，或在邮件营销中附带优惠券代码等。

3. 限时秒杀

限时秒杀是一种限时、限量的促销活动，一般来说只会持续几个小时。这种促销方式能够迅速提升产品销量和排名。

（1）选择产品

卖家可以选择深受顾客欢迎的产品进行限时秒杀，要预估可能的销量，保证产品库存充足，避免供不应求导致顾客产生"虚假促销"的误解。

（2）设定价格

卖家应查询产品的市场行情和竞争对手的定价，为促销设定合理的价格。这个价格既要有吸引力，还要保证有一定的利润。

（3）选择秒杀时间

卖家要选择恰当的时机开展限时秒杀的促销活动。例如，在亚马逊会员日或其他大型促销活动期间进行秒杀，可以吸引更多客流量。选择的促销时间要和顾客的购物习惯相匹配，在单位时间内尽可能多地招揽顾客。

3.4.3 广告和促销双管齐下

1. 促销带动广告效果

（1）限时折扣与广告结合

卖家可以在进行限时促销的同时，配合投放广告，让两者发挥"1+1＞2"的作用。限时折扣能吸引大量对价格敏感的顾客，而广告则能够将促销信息广泛地传播给潜在顾客。例如，卖家如果决定发布某款产品的限时折扣活动，就可以同时投放与该产品相关的关键词广告。这样，顾客在搜索关键词时，不但能看到产品的促销信息，还能通过广告链接直接跳转到产品页面，迅速完成购买。

（2）"买一赠一"与广告联动

"买一赠一"是常见的促销手段，能够有效刺激消费者的购买欲望。将"买一赠一"和广告手段结合使用，能让更多潜在顾客知晓优惠活动。卖家可以在广告文案中明确标注"买一赠一"的促销信息，吸引顾客点击广告，还可以利用广告的定位功能，将广告精准投放到对产品感兴趣的群体中，提高点击率和回报率。

2. 广告提高促销参与度

（1）广告引流至促销活动页面

亚马逊允许卖家创建自定义的促销活动页面，同时展示多款促销产品。卖家利用广告将流量引至这些页面，就能提高促销活动的曝光度和参与度。例如，卖家可以先创建一个"节日特惠"的促销活动，在页面中展示多款打折商品，随后投放广告吸引潜在顾客。这样不但能提升参与促销活动的商品的销量，还能带动品牌页面的整体浏览量和销售额。

（2）利用广告提升优惠券领取率

亚马逊允许卖家创建优惠券并投放广告。利用广告将优惠券推送给潜在顾客，可以提高优惠券的领取率和使用率。卖家要在广告中突出活动的优惠力度和优惠券领取方式，吸引顾客领取优惠券。领券之后，顾客就有可能在有效期内进行购买，使促销活动达到预期效果。

3.5 建立品牌与客户信任度

亚马逊的生态系统十分庞大,卖家众多,竞争相当激烈。要想在竞争中获得胜利,就不能只依靠产品本身的性能、质量等。要想打造和推广自己的品牌,品牌的影响力和客户的信任度是决定成败的关键因素。市面上的品牌繁多,卖家该怎样扩大自己的品牌影响力?如何培养客户的信任度,让他们成为忠实的回头客?找到这些问题的答案,你就能在亚马逊平台上取得成功。

3.5.1 品牌定位与价值塑造

1. 精准定位品牌方向

每个成功的品牌都有清晰而独特的定位。在亚马逊平台上经营的卖家首先要深入分析市场,了解目标客户的需求和喜好,找到自身品牌的定位。既要让产品满足客户的需求,还要使品牌在消费者心中留下特殊印象。例如,卖家有一系列主打环保理念的产品,那么该品牌的所有宣传都可以围绕这一主题展开,让环保成为品牌的标签。

2. 提炼品牌核心价值

品牌的核心价值是品牌的灵魂,是区别于竞争对手的最重要的卖点。卖家要深入挖掘品牌的内在价值,如创新性、品质、特色服务等,将这些价值融入品牌的每个细节中。要持续传递这些核心价值,让消费者一想到这个品牌,马上就想到对应的价值。消费者一旦对品牌产生认同感,就会成为忠实的顾客。例如,如果你的品牌核心价值是卓越的品质,那么从产品设计、选材到包装、物流，每个环节都应体现出对品质的极致追求。

3.5.2 品牌形象的塑造与传播

1. 设计统一且鲜明的品牌形象

品牌形象，指的是品牌的外在表现，包括品牌名称、Logo、色彩搭配等。统一且鲜明的品牌形象能够迅速吸引消费者的注意，在他们心中留下深刻印象。卖家要根据品牌定位和目标客户的喜好，设计符合品牌特色的视觉元素。这些元素无论在哪个渠道进行展示，都应当与品牌的调性一致，增强品牌的识别度。例如，如果一个品牌的消费者定位是年轻、时尚的Z世代，品牌形象就应用明亮、活泼的色彩描绘简洁、现代的图案。

2. 多渠道传播品牌故事

品牌故事是连接品牌与消费者的情感纽带。卖家要通过全渠道发声，讲述品牌背后的故事，让消费者对品牌的起源、发展历程和独到理念等有更深入的了解，增强他们对品牌的认知度和认同感。卖家不但要在亚马逊店铺页面展示品牌故事，还要利用社交媒体、品牌博客、电子邮件营销等方式加速品牌故事的传播。持续传播品牌故事，可以激发消费者的情感共鸣，培养他们对品牌的忠实度。例如，卖家可以在社交媒体上分享品牌创始人的创业历程，或者在店铺页面设置"品牌故事"板块，详细介绍品牌的理念和文化。

3.5.3 培养客户信任度

1. 高品质产品与卓越服务

赢得客户信任的核心要点是提供高品质的产品。卖家要建立一套严格的品控体系,从供应商筛选、原材料采购到生产过程中的每个环节,都要进行严格把关。定期的产品质量检测和评估必不可少,这能让卖家及时发现并解决潜在的质量问题,维护品牌形象。

赢得客户信任的另一要点是提供个性化、高效率的服务。卖家应做到以下三点:第一,设置实时在线客服系统,使客户在购物过程中的任何阶段都能得到支持。第二,提供快速的服务响应,以便客户能随时联系到卖家。第三,建立有效的客户反馈机制,鼓励客户提出意见和建议。除此之外,卖家要及时收集和处理客户的反馈,不断改进产品,提升服务质量。

2. 透明与诚信经营

透明与诚信是增强客户信任度的基石。在店铺页面和产品详情页上,卖家要清晰、全面地展示产品的所有信息,包括成分、规格、产地、生产日期等,不要使用模糊的表述,避免误导消费者。

一方面,卖家要鼓励客户积极评价,这不仅能帮助潜在客户了解产品的真实情况,还能让卖家及时发现并改进产品和服务方面的不足。要积极响应并妥善处理客户的投诉和建议,展现出解决问题的诚意。

另一方面,卖家要严格遵守亚马逊平台的规则,确保所有经营活动符合规定。这能帮助卖家降低法律风险和信誉损失,增强客户对品牌的信任感。保持诚信经营和合规操作,有助于卖家在亚马逊平台上树立良好的品牌形象。

3. 客户关系管理

要提升客户的信任度，就要进行客户关系管理。卖家要充分利用亚马逊平台提供的数据分析工具，深入了解客户的偏好和需求。卖家可以基于数据分析制定最适合自己的营销策略和服务方案，为客户提供满意的产品和服务。

建立客户忠实度计划，能够有效提升客户黏性。例如，设置会员制度、积分奖励等，让客户获得更多优惠和特权。建立品牌社区也能增强客户归属感，卖家可以鼓励客户在品牌社区分享使用心得，交流购物经验，形成良好的互动氛围。卖家自己也要参与互动，深入了解客户的反馈，以便做出改进。

4. 遵守亚马逊平台的规则和政策

卖家要想在亚马逊平台上长期、稳定地经营，就必须严格遵守平台的规则和政策，包括但不限于商品发布规则、客户服务政策、知识产权政策等，配合平台维护公平性和市场秩序，为所有卖家创造一个良好的经营环境。卖家还要积极响应亚马逊平台的各项倡议，增强消费者对品牌的信心。

第4章

运营阶段——运营管理与订单处理

4.1 有效的库存管理与预测

4.2 设置合理的定价策略

4.3 优化物流与运输安排

4.4 客户服务与售后支持

4.5 利用数据分析提升运营效率

4.1 有效的库存管理与预测

卖家在亚马逊平台上经营时,要进行有效的库存管理与预测,这样有利于业务的顺畅运转,能够帮其更好地控制成本,提升客户满意度。库存过多会占用资金,增加仓储成本;库存过少则可能导致断货,影响销售业绩。精准的需求预测,能帮助卖家在适当的时间补货,降低缺货或积压的风险。

4.1.1 库存管理策略

1. 实时监控库存水平

库存管理中,最重要的是实时监控库存水平。亚马逊卖家要充分利用平台提供的库存管理工具,如"库存管理"页面等,实时监控每个SKU(Stock Keeping Unit,最小存货单位)的库存量。卖家可以设置库存预警值,当库存量低于预警值时,系统自动发送通知,提醒卖家及时补货。例如,某个SKU的安全库存为100件,卖家就可以设置当库存量低于50件时系统发送补货提醒。

卖家还可以采用批次追踪系统更精细地管理库存,为每件入库的商品赋予一个唯一的批次号,记录入库时间、生产日期等关键信息。卖家可以通过对各批次货物进行追踪,轻松实现先进先出,即最早入库的商品最先被销售,减少库存积压和过期风险。

2. 实行先进先出原则

先进先出是一种常见的管理策略和算法原则,在库存管理中非常重要，该原则能够保证商品在保质期内销售完毕，避免库存积压或过期。卖家在商品入库时为每件商品打上时间戳，记录入库时间，按照时间戳的顺序出库发货。这样可以保证销售的总是最新日期的商品，有助于提高顾客满意度。

亚马逊的库存管理系统可以帮助卖家实行先进先出。例如，当收到补货通知时，系统自动选择最早入库的批次进行发货。卖家还应当定期对库存进行盘点，检查商品保质期情况，看是否有商品临近保质期。如果存在这样的商品，就要及时采取促销或清仓措施。

3. 优化仓库布局

合理的仓库布局能够显著提高库存周转率，降低仓储成本。卖家要根据商品的特性、销售频率和物流需求，精心规划仓库布局。例如，销售频率高的商品要放置在易于取货的位置，如仓库入口附近或货架的显眼位置；体积大、分量重的商品要放置在靠近出口或装卸区的地方，便于搬运和发货。

卖家还可以采用分区管理策略，将仓库划分为不同的区域，每个区域存放特定类别的商品。这样能够提高取货效率，降低发错货的风险。卖家在对仓库进行布局时，要充分考虑到员工的操作流程，布局之后的仓库既要符合业务需求，又要便于员工操作。

4. 实施多仓库策略

库存商品规模较大的卖家要实施多仓库策略，这样能更好地提升库存管理效率。卖家可以在多个地区设立仓库，实现就近发货，缩短配送时间，提高物流效率。如果某个仓库因天气、交通等原因延误发货，其他仓库可以迅速补充货源，不影响正常销售。

4.1.2 库存预测方法

1. 基于历史销售数据进行预测

卖家可以分析过去一段时间内的销售记录,找到商品销售的市场趋势和季节性变化。例如,某些商品在节假日期间销量大增,平时则相对平稳,这就提醒卖家在销售高峰期临近时多备货。卖家可以通过分析这些历史数据,预测产品在未来一段时间内的销量,据此调整库存水平。

卖家可以使用 Excel 表格或专业的数据分析工具(如 SPSS、R 语言等)处理和分析历史销售数据。卖家要将销售数据按照时间顺序排列,计算出每个时间段的销量,然后观察销量的变化趋势,识别出销售高峰期和低谷期。在此基础上,卖家再使用时间序列分析、回归分析等方法预测未来销量。例如,可以使用时间序列预测模型中的 ARIMA 模型预测未来的销售趋势。

2. 考虑市场趋势和竞争态势

市场趋势和竞争态势也能影响卖家对库存的预测。因此,卖家要密切关注市场动态,了解行业发展趋势和竞争对手的走向。

卖家可以通过多种渠道获取市场信息。首先,可以关注行业报告、市场分析等权威资料,了解整个行业的发展趋势和市场规模。其次,要定期分析竞争对手的销售数据、产品特点和营销策略,评估对方的市场地位和影响力。同时,还要与供应商、物流公司等合作伙伴密切沟通,了解供应链上下游的变化情况。

获取这些信息之后,卖家要将这些因素纳入库存预测模型,根据预测的结果调整现有的库存管理和销售策略。例如,卖家如果发现竞争对手推出的新产品可能影响自身的销量,就要适当减少库存,应对竞争压力。

3. 利用亚马逊的销售预测工具

亚马逊为卖家提供了几种销售预测工具,如"库存健康报告""销售报告"等,能够帮助卖家更好地制订销售策略。

"库存健康报告"提供了库存周转率、滞销商品数量、建议补货量等关键指标,帮助卖家评估整体库存状况。卖家定期查看该报告,就能了解哪些商品畅销,哪些商品存在积压风险,据此调整库存。例如,卖家发现某个 SKU 的库存周转率较低,就要考虑开展促销活动加速销售库存商品,或降低进货量。

"销售报告"展示了商品在不同时间段内的销售情况和变化趋势。卖家利用报告可以预测产品未来一段时间内的销量,据此修改库存计划。例如,卖家如果发现某种商品在节假日期间销量大增,就要提前增加库存应对销售高峰。

4.2 设置合理的定价策略

合理的定价不仅能够保证卖家有足够的利润,还能直接影响产品在市场竞争中的位置。科学的定价策略能在吸引更多消费者的同时,让卖家获得稳健的收益。因此,卖家要综合考虑多方面因素,制订既有竞争力又能保效益的定价策略,具体分析如下。

4.2.1 成本分析:确定定价基础

在确定定价之前,卖家首先要明确产品的成本结构,这是定价的基础。成本分析要涵盖以下几个方面。

1. 直接成本

①原材料成本:根据产品的原材料采购价格,计算出每件产品的原材料成本。②生产成本:包括生产过程中的直接人工费用、能源消耗以及设备折旧费用等。③包装成本:包装材料的费用以及包装过程中的劳动力成本。

2. 间接成本

①运营成本:包括仓库租金、水电费、办公用品费用等日常经营开支。②物流成本:生产、仓储、配送的全链条物流成本。③营销成本:开展广告投放、促销活动、市场调研等营销活动的费用。④税费成本:根据各国税法规定,计算应缴纳的税费。

详细分析并累计上述各项成本,卖家就能计算出每件产品的总成本。这个价格是定价的下限,如果定价低于此价格,就会导致亏损。

4.2.2 市场需求与价格弹性

市场需求是影响定价的关键因素。卖家要深入了解市场的需求状况，根据市场需求的变化灵活调整价格。

1. 分析市场需求

①市场调研：利用问卷调查、走访客户等方式，了解目标市场的整体需求规模和消费者偏好情况。②竞争对手分析：分析同类产品的定价、销量和客户评价，找到市场能够接受的价格区间。③季节性需求：有些产品存在季节性的需求变化，在特定季节的销售高峰期，可以适当提高价格。

2. 分析价格弹性

价格弹性反映了价格变动对销量的影响程度。对于价格弹性较高（即价格变动对销量影响较大）的产品，在定价时要更为谨慎，如果定价过高就会导致销量大幅下滑。相反，对于价格弹性较低的产品，卖家就可以适当提高价格，增加利润。

4.2.3 竞争对手的定价策略

竞争对手的定价策略对卖家有重要影响。卖家要密切关注竞争对手的定价动态，及时对自身策略做出调整。

1. 监测竞争对手价格

利用价格监测工具实时跟踪对手的定价变化。卖家要及时判断对方的定价趋势，为自身的定价策略提供依据。

2. 差异化定价

面对激烈的价格竞争，卖家要制订差异化的定价策略，既要保证利润,又要突出自身产品的价值。例如,如果产品具有创新功能或应用了高品质材料,就要适当提高价格,彰显它的价值。同时,要对产品描述进行改进、对品牌形象进行优化,增强消费者对产品价值的认知。

4.2.4 亚马逊平台的规则与费用

卖家在对产品进行定价时,还要考虑平台的特殊规则和相关费用。

1. 平台佣金与费用

①销售佣金:亚马逊会根据卖家销售的产品类别收取不同比例的销售佣金。卖家在对产品进行定价时,要充分考虑这一项成本。②配送费用:如果卖家使用亚马逊的 FBA 服务,就要支付配送费用,这部分费用应计入定价成本。③广告费用:为了提升产品的曝光度,卖家可能会在平台上投放广告,这笔费用同样需要纳入定价考虑的范围。

2. 平台促销活动与优惠政策

亚马逊经常推出各种促销活动和优惠政策,如 Prime Day、"黑色星期五"等。卖家在参与这些活动时,要根据平台规则调整定价策略,确保既能享受平台流量的红利,又能保证自身利润不受影响。

4.2.5 定价策略的制订与实施

综上所述,卖家制定的定价策略既要符合市场规律,又应保障自身利益。在实施过程中,卖家要密切关注市场需求和消费者偏好的变化,及时调整定价。

1. 渗透定价策略

如果卖家销售的是新产品,或刚刚进入新市场,就可以采取渗透定价策略,即以较低的价格快速占领市场。这种策略能迅速吸引消费者的关注，提高品牌曝光度和销量。但是需要注意的是，渗透定价策略要求卖家具备较强的成本控制能力和市场推广能力。

2. 撇脂定价策略

如果产品具有独特价值或较高的创新性，卖家就可以采取撇脂定价策略，即以较高的价格销售产品，获取高额利润。这种策略适用于市场需求旺盛且消费者对价格不敏感的情况，但是可能面临市场竞争和消费者抵制的风险。

3. 动态定价策略

动态定价策略，是指卖家根据市场需求、对手定价和平台规则等因素实时调整价格。这种策略要求卖家对市场变化足够敏锐，数据分析能力足够强大，该策略能够使卖家在保持自身竞争力的同时，实现利润最大化。

4.2.6 定期评估与调整

定价策略并非一成不变，卖家要定期评估效果，根据市场变化进行调整。

1. 分析销售数据

卖家应定期分析销量、销售额、利润率等指标，对比产品在不同价格区间的销售表现，找出最优价格点。

2. 关注竞争对手

卖家应密切关注竞争对手的定价变化和市场活动，及时调整自身的定价策略。

3. 收集消费者反馈

卖家应收集消费者的评价和反馈，分析消费者对价格的敏感度和接受程度。根据反馈情况调整定价,回应消费者的需求,提升客户满意度。

4.2.7 注意事项与风险规避

在制定和实施定价策略时,卖家需要注意规避潜在的风险。

1. 避免价格战

价格竞争虽然是市场竞争的一部分,但是如果过度依赖价格竞争,就可能压缩自身的利润空间,使自己陷入价格战的泥潭,品牌形象可能也会因此受损。卖家要通过提升产品质量和服务质量来增强竞争力,而不是和对手比拼价格。

2. 合规经营

定价策略要符合亚马逊平台的规则和政策要求,不要因为违规操作而使账号受限或被封。账号受限会导致商品展示机会减少、店铺流量下滑,账号被封更是会让前期投入的大量时间、精力与资金付诸东流。

3. 保护品牌形象

定价时要充分考虑品牌形象和长期价值,过低或过高的定价策略都会损害品牌形象,让之前累积的消费者信任逐步崩塌。

4.3 优化物流与运输安排

跨境电商的成功离不开高效的物流体系。对于亚马逊卖家来说,物流绝不只是简单的运输商品,它更是一种提升客户体验、增加销量的战略工具。卖家要从运输方式、仓储布局、清关管理和供应链整合等多方面优化物流体系,以实现效率和收益的最大化。

4.3.1 分析物流需求并合理规划

要想优化物流体系,就要先进行物流需求分析。卖家要根据目标市场、产品特点和客户偏好进行全方位的规划。

1. 产品特性对物流需求的影响

产品的尺寸、重量和价值直接影响物流方案的选择。例如,大件商品(如家具)适合采用海运,成本较低;小件或高价值商品(如珠宝、电子配件)适合采用空运,缩短配送时间。卖家要结合产品类别在时效与成本之间找到最佳平衡点。

生鲜类商品需要全程冷链运输以保证商品的品质;电子产品在运输中需要更好的防震、防潮等措施,避免商品在配送过程中损坏。对于这些商品,卖家要选择具备专业处理能力的物流合作伙伴。

2. 客户需求与配送模式

在跨境电商行业,影响客户做出购买决策的一个重要因素就是对配送时效的期待。卖家要根据目标市场的特性灵活选择物流模式。例如,在客户对配送效率要求较为严格的市场,采用 FBA 模式提升配送速度;

在对时效宽容度较高的市场，选择成本更低的海运模式。

"最后一公里"配送关乎客户的购买体验。这个配送过程的精准性和可靠性，直接影响客户满意度。一方面，卖家可以与 UPS、FedEX、DHL 等配送巨头合作，提高配送效率；另一方面，卖家可以紧跟物流技术创新趋势，积极探索智能柜投递、无人车投递、无人机投递等新颖的配送方式，提升末端服务体验。

4.3.2 物流模式的选择与优化

亚马逊的物流服务有 FBA 和 FBM（Fulfillment by Merchant，自配送）两种模式，各有其特点，卖家要结合自身实际需求选择合适的物流模式。

1.FBA 的深度应用

卖家不仅可以借助亚马逊的全球仓储网络更高效地处理订单，还能够为商品打上"Prime"标签，获得更多流量扶持。物流的高时效配送能提高消费者的信任度，进而提升转化率。

虽然 FBA 具有显著的优势，但是其费用也较高，包括存储费、处理费和退货管理费等，可能给销售低利润商品的卖家带来压力。卖家可以定期监控库存绩效指标，这样不仅能减少长期存储费用，还可以使用数据分析来预测需求，精准控制补货量，提升库存周转率。

2.FBM 的灵活性

FBM 能够满足非标商品或定制化商品的配送需求，如定制家具、限量版商品等。卖家可以借助这一模式灵活规划包装和配送流程，为客户提供更加贴心的销售服务。

选择可靠的本地物流服务商非常重要。卖家选定合适的物流服务商之后，要争取与之签署长期协议，以获得稳定的运输价格，这样即便在高峰期也能享受优质的物流服务。例如，一些主要活跃在欧洲市场的卖家与GLS、Evri等本地物流服务商合作完成"最后一公里"配送。

3. 混合模式的应用

卖家可以结合FBA和FBM的优势，实现效率和成本的平衡。例如，将热销商品交由FBA配送，使商品快速到达客户手中；将销售频率较低的商品通过FBM模式配送，减轻库存压力。

4.3.3 物流成本的优化策略

物流成本是利润核算的重要组成部分，直接关系到商品定价的竞争力和利润空间。卖家如果能制订行之有效的物流成本优化策略，就能在确保物流效率的同时，有效降低成本压力。

1. 批量运输与集装箱优化

（1）批量运输的经济性

跨境运输的费用通常随着发货量的增加而逐步减少，批量运输能够显著降低单件商品的物流成本。将多件商品合并发货，减少运输次数，就能够摊薄整体运输费用，适用于高销量、库存周转率较高的产品。对于订单量相对稳定或季节性需求明显的商品，进行批量运输不仅能够降低成本，还能提高物流效率。

（2）提高集装箱利用率

在国际运输中，集装箱利用率的高低直接影响运输成本。卖家要做的是调整商品包装的形状和体积，提高单位空间的商品容纳数量，压缩集装箱中的闲置空间。单次发货量不足的卖家，可以与其他卖家共同拼箱运输，这样可以分摊国际运输的高昂成本。

（3）灵活运用不同的运输方式

卖家要根据商品的交付时效性和目标市场特点选择合适的运输方式。例如，时效性强的商品适合采用空运，而低价值的大件商品更适合采用海运。此外，采用多式联运模式，巧妙结合各种运输方式，有助于提高整体运输效率。

2. 动态定价与成本分摊机制

（1）动态物流定价策略

针对不同地区、商品类型和订单价值，实施动态物流定价，不仅能合理分摊物流成本，也能提升消费者的接受度。一方面，卖家可以将订单金额与物流成本挂钩，对高利润商品提供免费或低成本配送服务，吸引消费者购买；还可以将低利润商品的物流成本转嫁到消费者端，维持卖家的利润率。另一方面，卖家要基于时效定价，提供多个档次的配送服务，让消费者根据需求进行选择，分摊额外的运输费用。

（2）免费配送服务的策略性使用

虽然免费配送可能给卖家造成成本压力，但在特定情况下可以有效提升销售额。例如，当顾客的订单金额达到一定标准，或卖家正在开展促销活动时，就可以提供免费的物流服务吸引消费者。卖家还可以开展补贴物流费用的折扣活动，用优惠券或满减的活动规则减小消费者的心理阻力，使其愿意支付物流费用。

（3）成本透明化与消费者信任

在订单页面详细展示物流费用的组成，包括关税、运费、包装费等，让消费者知晓支付运费的原因，减少消费者的不满。

4.3.4 处理跨境物流遇到的特殊问题

跨境物流会遇到多种多样的问题,包括清关、税务和突发事件等。

1. 清关与税务管理

清关是跨境运输的重要环节,卖家要确保所有文件(如原产地证明、税号等)齐全,避免货物被扣留导致到货时间延误。

跨境物流涉及复杂的关税和增值税计算步骤,尤其是在欧洲市场和北美市场。卖家可以选择与专业的清关代理公司合作,简化清关流程,降低运营风险。

2. 解决突发问题

卖家要做好应对运输延误、货物损坏等潜在风险的备用方案。例如,与多家物流服务商签订协议,当主要服务商无法履约时,卖家可以快速切换到备选方案;对于因物流问题导致的客户投诉,卖家要迅速响应并提供替代方案,如重新发货、退款等,维护客户的信任。

4.4 客户服务与售后支持

在亚马逊平台上,客户服务和售后支持的质量直接关系到店铺的销售业绩和客户的忠实度。有效的客户服务可以高效处理订单,提升客户的满意度,减少负面评价。因此,卖家需要从以下几个方面建立起一套科学的客户服务和售后体系,针对不同的市场需求灵活调整策略,争取留住更多客户。

4.4.1 建立高效的客户服务体系

1. 提升客户响应速度

在跨境电商蓬勃发展的当下,客户的需求多种多样且对及时响应的要求较高,但是,全球客户与卖家往往处在不同的时区,使卖家及时响应客户有了一定的难度。卖家可以使用实时在线客服工具回应客户问题,如 Zendesk、Freshdesk 等,确保客户无论身处何地都能迅速得到反馈。在繁忙的销售季节或促销活动期间,客服人员往往要应对大量的咨询和投诉,利用自动化客服系统对常见问题进行响应,能够有效缓解客服压力,提高运营效率。

2. 搭建多渠道服务平台

卖家要在全渠道为客户提供能够无缝衔接的优质服务体验。例如,卖家可以借助亚马逊消息中心直接与客户沟通,解答疑问和处理问题。此外,卖家还可以整合社交媒体、电子邮件和即时聊天工具等多种沟通途径,使客户无论习惯使用哪种沟通工具,都能随时获得卖家的支持和帮助，提升互动的及时性和便利性。

卖家可以利用自动化工具（如 AI 聊天机器人）和分时段的客服团队为客户提供服务，减少因时差问题导致响应不及时的情况。例如，针对特殊问题，可以安排客服人员轮班提供实时帮助；对于常见问题，则可利用 FAQ 或智能机器人进行自动回复。

3. 提高客户服务效率

卖家要根据客户反馈的内容进行问题分类，如可以把问题分为物流问题、产品使用问题和退款退货问题等，这样可以方便客服团队将问题快速分配给对应的专业人员，缩短响应时间。例如，物流相关问题可直接转交给供应链团队，产品问题则由产品专家负责解答。

客户服务过程中产生的大量数据有助于提升后续的服务质量和效率。分析客户咨询的热点问题和投诉趋势，可以使卖家提前制订应对策略。例如，卖家如果发现近期关于物流的问题较多，就可以主动发送物流延误通知，并附上解决方案，减少重复咨询带来的工作量。

4.4.2 全面覆盖售前与售后服务

客户服务不但包括解决售后问题，还应覆盖整个交易流程。从售前咨询到售后跟踪，每一步都需要精细化管理。

1. 售前咨询的专业化与个性化

亚马逊产品页面是客户了解商品的第一步。要展示详细的产品描述、高质量的图片和清晰的规格参数，减少客户在购买前的疑虑。例如，卖家如果销售的是电子产品，就要提供详细的功能说明和兼容性信息；而如果销售的是服装类商品，则要附上尺寸指南和穿着注意事项。

卖家要在客户下单前提供实时的咨询服务。例如，卖家可以在产品页面增设"常见问题解答"模块，为客户提供即时帮助，提升购物体验。

2. 售后服务的完善与创新

退换货规则是客户关注的重点。卖家要在商品主页写明退换货的条件、流程、费用和责任。例如，如果是质量问题导致的退货，卖家应主动承担相关费用；如果是非质量问题导致的退货，则需明确客户责任。

除了提供基础售后服务，卖家还可以提供额外的增值服务。例如，对于电子类产品，卖家可以提供免费的在线使用指导，或是为产品延长保修时间。

4.4.3 提升客户的满意度与忠实度

1. 通过个性化服务提升客户体验

客户的忠实度对品牌的长期发展至关重要。为了增强客户黏性，卖家可以提供个性化服务，提升客户体验。

卖家可以利用数据分析和人工智能技术，为客户提供个性化的产品推荐，这不但可以提高产品的购买率，还能增强客户的购买体验和对品牌的认同感。卖家还可以根据客户的偏好推出有针对性的促销活动，如生日折扣、限时优惠等，增强客户的购买意愿。

卖家还可以通过会员制度或积分奖励计划，提高客户的忠实度。例如，可以设立积分制度，客户在购买商品后可以积累相应的积分，积分积累到一定程度便可兑换优惠券或独家折扣。这能鼓励客户重复购买，提高客户的活跃度和参与感。

2. 及时的售后跟踪，重视客户反馈

售后跟踪能够提升客户满意度，帮助卖家改进服务质量。卖家可以使用自动化工具，对完成购买的客户进行售后跟踪，了解客户的使用体验，及时解决客户的问题。

对客户反馈的重视有助于洞悉自身产品和服务的不足。因此，卖家要定期收集客户的反馈，分析痛点与需求，不断改进产品和服务。对于客户的投诉，卖家要快速响应并提供解决方案，避免客户因此做出负面评价。

4.4.4 提升服务体验的竞争力

在市场竞争日益激烈的今天，卖家要想建立差异化的优势，就必须提供优质的客户服务。只有不断提升服务质量，卖家才能在客户心中建立更强的品牌认知。

1. 持续创新服务方式

将AI技术融入客户服务过程的做法正日益普及。例如，AI聊天机器人可以为客户提供全天候的智能解答，显著降低了人工客服的工作负担，加快了响应速度。

卖家还可以打造专门的客户服务平台，提供订单管理、在线咨询和解决常见问题的一站式服务，让客户享受到更加方便快捷的服务，提升服务体验。

2. 注重服务与品牌形象的结合

客户服务不但能为客户解决问题，还能体现品牌形象。高质量的服务能增强客户对品牌的信任度和忠实度。例如，卖家可以为重要客户提供VIP专属服务，设立客户建议奖励机制，强化品牌与客户之间的联系。

4.5 利用数据分析提升运营效率

在激烈的市场竞争中,数据分析正日渐成为卖家提升运营效率、优化经营决策的核心工具。卖家可以通过科学的数据分析,精准洞察市场变化,从而制订有针对性的经营策略,在实现销量增长的同时提升整体运营效率。数据分析贯穿于选品、广告优化、库存管理、客户分析等多个环节,对于亚马逊卖家来说十分重要。

4.5.1 数据分析的核心价值

数据分析是跨境电商的重要工具,其价值体现在多个方面,包括预测市场趋势、优化库存管理、精准化广告投放和提升客户体验等。

1. 辅助销售预测与选品决策

精准的销售预测能够帮助卖家合理规划备货量,选品策略则直接决定店铺的市场竞争力。卖家对销售数据进行深入分析之后,就能从市场趋势中找到潜在机会。

(1)通过历史数据预测销售趋势

历史销售数据是预测未来市场的重要依据。卖家可以借助亚马逊销售报表,分析不同产品的季节性销售特征。例如,有些电子配件会在年末销量激增,而日常用品则全年保持稳定需求。掌握这些趋势后,卖家就能提前做好备货计划,降低因备货不足导致的断货风险,减少因库存积压而增加成本的情况。

(2)监控市场数据优化选品

卖家可以借助第三方工具(如Jungle Scout、Helium 10)提供的数据,深入了解市场动态,包括热销品类、竞争对手表现和定价策略。例如,卖家可以通过分析关键词的搜索热度和相关产品的评分,精准定位客户需求,找到未被充分满足的市场细分领域。

(3)结合目标市场特性调整选品策略

不同市场的消费者有不同的偏好,卖家要结合目标市场的文化背景、需求特点、消费习惯等调整选品策略。例如,欧洲消费者关注具有环保性和实用性的产品,北美消费者则偏爱具有创新性和高性价比的产品。找到这些差异,卖家就能够更好地满足不同地区的客户需求。

2. 利用数据优化库存管理与供应链效率

(1)分析优化库存周转率

库存周转率反映了商品从入库到售出的速度,是衡量库存效率的重要指标。卖家要分析库存数据,识别滞销商品并制订促销计划。例如,可以利用亚马逊的"库存健康报告"分析商品的周转情况,优先清理滞销商品,降低这些商品的存储费用。

(2)预测补货需求与优化备货计划

数据分析工具能帮助卖家预测补货需求。卖家可以结合历史销售数据和当前的市场趋势,制订更精准的备货计划。例如,卖家可以在节假日销售旺季到来之前,结合往年同期的销售数据和市场增长率,准备好相应数量的商品,同时确保供应链资源充足。

(3)利用多仓储布局提高配送效率

多仓储布局是提升库存管理效率的重要手段。卖家要分析目标市场的订单分布情况,在高需求区域部署仓储资源。例如,北美市场的订单集中在东海岸和西海岸，因此卖家可以在这两个区域设立仓库，缩短配送时间。

4.5.2 高效利用亚马逊平台的数据资源

亚马逊平台提供了丰富的数据工具和报表，卖家可以借助这些资源深入挖掘运营中具有潜力的增长点。

1. 亚马逊卖家中心工具

亚马逊卖家中心提供了多种数据分析工具，如业务报告、广告报表等。

业务报告能够帮助卖家追踪订单量、浏览量和产品销量等指标。例如，卖家通过分析业务报告，发现某款产品在特定时间段内的浏览量显著上升，但转化率较低，可以针对这一情况判断原因所在，是页面优化不足还是库存不足。找到症结之后，便可及时调整页面描述或补充库存。

广告报表详细记录了每个关键词的表现，包括点击量、转化率和费用等。卖家可以通过分析这些数据，及时制订高效的广告策略，逐步淘汰表现不佳的关键词。例如，卖家如果发现某关键词的点击成本很低，但是能带来很高的转化率，就可以增加预算加大该关键词的投放量。

2. 充分利用 FBA 绩效报表

FBA 绩效报表能够提供物流效率数据，其中包含库存健康报告、退货率等关键信息。

卖家可以利用库存健康报告分析库存占用情况和对应的销售效率。例如，针对长期未动销的商品，卖家可以通过促销等方式清理库存，降低存储费用。

退货率是衡量产品和服务质量的重要指标。卖家可以通过分析FBA退货报表，识别退货的主要原因，并及时采取相应的改进措施。例如，卖家如果发现退货原因主要是"与描述不符"，就要及时优化产品详情页面，提供更准确的产品描述。

3. 挖掘客户评论与评分数据

客户的评论和评分是卖家了解市场反馈的重要窗口。通过分析评论中的关键词和情感倾向，卖家可以更好地优化产品和服务。

卖家可以利用文本分析工具，从客户评论中提取高频关键词。例如，在一款家用厨房工具的评论区，大部分客户都提到"易清洗""耐用"等关键词，这表明客户对这两点的关注度较高，卖家可以在后续推广中突出这些卖点。

针对负面评论，卖家要主动联系客户了解具体原因，提出解决方案。例如，某款产品的包装经常出现问题，退货率因此上升，卖家就要改进包装设计，提升客户体验。

4.5.3 数据分析驱动的精细化运营策略

数据分析能帮助卖家制订出更科学的精细化运营策略，提高运营效率，实现更高的市场竞争力。

1. 精准定位目标客户

卖家可以借助数据挖掘客户的需求，更精确地定位目标客户群体。例如，对于那些频繁购买户外用品的客户，卖家可以定向推送新款登山装备的促销信息，提高顾客的复购率。

2. 优化客户生命周期价值

分析客户的购买行为,可以帮助卖家制订客户维护计划。例如,为高价值客户提供专属优惠和定制服务,能有效提升客户满意度,实现客户生命周期价值的最大化。

第5章

推广阶段——市场推广与品牌建设

5.1 制订全球市场推广策略

5.2 使用社交媒体和影响者营销

5.3 SEO 与关键词策略

5.4 利用跨境电商展会和活动

5.5 建立用户评价与口碑管理系统

5.1 制订全球市场推广策略

跨境电商的市场环境错综复杂,卖家只有制订系统化、精细化的全球推广策略,才能实现业务的可持续增长。亚马逊平台的特点为全球化推广打下了坚实的基础,但卖家需要根据各地市场的实际情况灵活调整推广策略。

5.1.1 全球市场定位的重要性

1. 明确市场定位的核心作用

全球市场定位是制订推广策略的起点。卖家对市场进行精准定位,可以有效区分目标市场与非目标市场,集中资源突破重点区域。明确的市场定位能够帮助卖家优化资源分配,把资金和人力集中在高潜力市场,方便持续深耕,逐步建立品牌影响力。一旦选定市场,卖家就要精准推广,快速提高市场占有率,以便实现销量增长。

2. 结合产品特点进行市场匹配

卖家要根据产品特性确定其适合的市场。例如,科技类产品在欧美市场的需求较高,而传统工艺品可能更适合亚洲市场。

高消费力市场对品牌的要求较高,因此卖家要平衡产品定位与市场需求。例如,北美消费者注重产品品质和售后服务,而新兴市场的消费者更喜欢物美价廉的商品。

5.1.2 目标市场分析与定位

卖家要对潜在市场的规模、消费习惯和竞争格局进行全面评估,有针对性地制订推广计划。

1. 全球市场的筛选与评估

（1）市场规模与潜力分析

市场规模是卖家判断目标市场价值的重要指标。例如，北美和欧洲的电商市场相对成熟，消费者购买力强，订单量大，但竞争激烈；东南亚市场处于快速发展阶段，消费者购买力逐步提高，增长潜力巨大。卖家要分析市场报告和平台数据，识别高潜力市场并优先布局。

（2）政策环境与技术基础

跨境电商受到各国政策和法规的约束。例如，欧盟国家的增值税政策会直接影响商品的价格，中东部分国家会对进口商品征收较高的关税。此外，互联网覆盖率和支付系统的普及程度也是卖家选择目标市场时需要考虑的因素。

2. 构建目标客户画像

消费者的购买行为因文化和经济水平而异。例如，美国客户注重便利性和交付时效性，因此卖家要优化物流；南美洲市场的消费者更重视价格，因此开展折扣活动能有效刺激消费。

卖家要基于客户的年龄、性别、职业等维度，进一步挖掘细分市场的需求。例如，年轻人偏好科技类、时尚类的商品，而中年客户更青睐实用性较强的家居类商品。

5.1.3 全球化与本地化结合的品牌推广

品牌是跨境电商卖家的核心竞争力。一套行之有效的品牌推广策略，一方面要在全球范围内保证高度的一致性，另一方面要适配本地市场的文化内涵和用户需求。

1. 统一品牌形象建设

卖家要确保品牌的视觉元素的统一，从品牌 Logo 到包装设计在全球范围内均需保持一致。这种一致性能增强品牌辨识度，还能提升消费者的信任感。

品牌价值是吸引客户的核心要点。例如，高端品牌要突出设计感和品质感，而中低端品牌则要通过高性价比的优势获取用户关注。

2. 本地化推广策略的细化

"信、达、雅"只是翻译品牌故事时需要遵循的基本原则，除此之外，卖家还需要调整广告文案、图片设计和产品描述，使之契合当地消费者的偏好。例如，日本消费者更喜欢简洁清晰的产品介绍，而在巴西市场，热情洋溢的广告风格更具吸引力。

节日是开展促销活动的重要时机。在欧美市场，圣诞节和"黑色星期五"是购物高峰；而在中东市场，斋月后的庆祝活动能带来大量订单。

5.1.4 多渠道推广与资源整合

多渠道推广策略可以帮助卖家最大化触达目标客户，利用协同效应提高推广效率。

1. 线上推广渠道的全面覆盖

亚马逊平台提供了多种广告工具，包括赞助产品广告、赞助品牌广告和赞助展示。这些工具可以实现精准投放，吸引高质量的客户流量。

社交媒体是当下的跨境电商卖家不可忽视的推广渠道。例如，利用 Facebook Ads 精准定位客户，或者使用 TikTok 的短视频引流，提高品牌曝光度。

2. 线下推广活动的资源整合

展会是推广商品的重要平台，也是与潜在合作伙伴建立联系的重要场所。例如，参加德国的电商展会可以帮助卖家更快进入欧洲市场。

卖家还可以与本地知名企业或品牌合作，共同开发市场。例如，与当地物流公司合作，能够提高配送效率；与知名商场合作开展线下促销活动，可以增强品牌认知度。

5.1.5 数据驱动的推广效果评估

评估推广活动的效果，有助于卖家对营销策略进行持续优化。卖家可以借助亚马逊提供的工具和第三方分析工具，对推广进行精细化管理。

1. 关键指标监控

卖家可以通过监控各个市场的销售额、订单量和退货率，评估推广策略的有效性。例如，卖家如果发现某产品在北美市场的转化率较低，就要在这个区域调整广告投放策略，或者优化产品描述。

卖家还要关注广告的点击率、转化率等数据，据此判断广告的实际效果。例如，如果发现某关键词的点击率很高，但是无法带来转化率，卖家就要考虑改进产品详情页，或者重新定位客户群体。

2. 数据驱动的策略调整

卖家可以基于市场反馈的数据，决定是否将更多资源投入高潜力市场，减少在低效市场的预算。

卖家还要根据客户评价和反馈，了解不同市场的偏好，优化推广内容。例如，对于某些市场，强调价格优势更有效；而对于另外一些市场，就要突出产品质量或环保特点。

5.2 使用社交媒体和影响者营销

在数字经济浪潮中，社交媒体早已成为跨境电商推广的重要渠道。卖家可以通过运用社交媒体和影响者合作，精准定位目标用户，提高品牌曝光率，增加产品销量。具体包含以下几个方面。

5.2.1 社交媒体的渠道选择

1. 主流社交媒体平台的特点

选择适合目标市场的社交媒体平台，是制订推广策略的基础。不同社交媒体的用户特性各不相同，卖家要根据目标市场和产品属性做出理性选择。

（1）Facebook 和 Instagram

Facebook 是全球用户极多的社交媒体平台，适用于非常广泛的人群。Instagram 以视觉内容为核心，更适合推广美妆、服饰和家居装饰等产品。例如，美妆类卖家在 Instagram 平台上发布短视频，展示产品的使用效果，能吸引更多年轻女性用户的关注。

（2）YouTube

作为全球目前最大的视频平台，YouTube 上的长视频或开箱测评视频能覆盖不同的用户群体。高质量的视频内容会增强用户对产品的信任感。例如，很多主做科技类产品的卖家会与 YouTube 技术频道合作，发布产品的深度测评视频，能够有效吸引目标客户。

（3）TikTok

TikTok 是近年来崛起的短视频平台，适合面向年轻用户推广具有娱乐性或潮流属性的产品。时尚类卖家可以利用 TikTok 挑战赛引发用户关注，在短时间内快速提升产品销量。

（4）Linkedin

Linkedin 是跨境卖家接触企业客户的重要工具。卖家可以在 Linkedin 上发表行业文章或参与专业讨论，传递品牌价值，找到合作伙伴。

2. 根据市场特点匹配平台

（1）欧美市场

Facebook 和 Instagram 是欧美市场的客户经常使用的社交媒体平台，大部分类别的产品都适合在这两个平台中推广。

（2）亚洲市场

在东亚地区，卖家要注意在本地社交平台上推广产品，如在日本市场，将 LINE 作为主要推广平台；在韩国则要使用 Kakao Talk。

（3）新兴市场

东南亚用户经常使用的社交平台包括虾皮（Shopee）相关社区、Zalo 等，卖家要根据市场调整策略。

5.2.2 内容策略的制定

社交媒体的内容决定了用户的参与度和品牌传播效果。卖家要根据平台特点和目标受众的需求，制定具有更大吸引力的内容策略。

1. 视觉内容与品牌定位的结合

视觉内容是社交媒体吸引用户的关键因素，包括图片设计和短视频设计两个方面。高质量的图片能正面展现品牌形象，传达产品的特点；

简短有趣的视频内容能快速抓住用户的注意力。例如，家居类产品的卖家往往会在 Instagram 上发布快闪式短视频，展示产品的搭配场景。

卖家要根据品牌定位和目标用户的偏好设计内容。例如，主打环保的品牌可以更多地展示产品的绿色生产流程和品牌参与的社会公益活动。

2. 互动性内容的策划

互动性是社交媒体推广的核心特点。互动性内容可以增强用户参与感，能够提高用户黏性和转化率。

卖家可以在平台上开展问答活动或在线直播，直接与用户互动。例如，化妆品卖家可以在 Instagram 上举办 Q&A 活动，解答用户关于产品配方的问题。

卖家还可以鼓励用户分享产品使用体验，利用品牌官方账户进行二次传播。例如，卖家可以利用话题标签工具在社交平台上开展活动，邀请用户发布产品相关内容，并在帖子末尾带上活动标签。

3. 基于数据驱动的精准内容投放

卖家可以借助社交平台提供的数据工具（如 Facebook Insights），追踪内容点击量、互动率和转化率，优化未来的推广策略。

卖家还要根据市场变化和热点事件及时调整内容主题。例如，在假期发布节日促销的相关内容，增强用户的购买意愿。

5.2.3 影响者营销的实施

影响者营销是当前社交媒体推广的热门方式，是指卖家与拥有大量粉丝的 KOL（Key Opinion Leader，关键意见领袖）合作进行推广，能够迅速扩大品牌知名度并吸引潜在客户。

1. 影响者与合作形式

（1）影响者的分类

大型影响者一般拥有数百万粉丝，适用于品牌曝光。中小型影响者的粉丝量稍少，但参与度一般较高，适用于精准定位目标客户群体。

（2）不同的合作形式

产品评测形式是指影响者通过评测视频或文章展示产品特点，而直播带货形式是指影响者通过直播形式直接促成订单转化。例如，卖家邀请 TikTok 网红在直播中演示产品的使用方法，并介绍产品的优点。

2. 影响者营销的执行步骤

（1）确定目标

卖家应首先明确影响者营销的目标，如提高网站流量、增加销量或提升品牌知名度等。

（2）筛选影响者

卖家可以利用测评工具筛选符合品牌定位和目标受众的影响者，可以利用的测评工具有 Upfluence 和 HypeAuditor。

（3）内容共创

卖家可以与影响者共同创作推广内容，确保品牌价值与影响者的个人风格统一。

5.2.4 社交媒体与影响者营销的效果评估

评估推广效果是优化策略的重要依据。卖家要结合定量与定性方法，全面衡量社交媒体的价值，以及与影响者合作取得的营销效果。

1. 关键指标的追踪

（1）投资回报率

卖家可以分析计算投资回报率，即广告支出与销售收入的比值，评估推广活动的经济效益。

（2）参与度与转化率

参与度即社交媒体的点赞、评论和分享数据，反映了内容的吸引力。转化率则直接体现了销售效果。

2. 用户反馈的分析

卖家可以通过监控社交媒体上的用户评论和消息，获取用户对品牌的真实评价。例如，某品牌在 Facebook 上举办活动后，发现用户针对包装提出了很多负面反馈，卖家随后及时改进了包装，赢得了更多客户的认可。

3. 数据驱动的优化建议

卖家可以利用数据分析出推广过程中表现最佳的内容形式，在未来的活动中重点采用；还可以比较不同影响者的合作效果，优化未来的合作选择。例如，与高转化率的小型影响者增加合作频次，快速定位目标客户群。

5.2.5 长期的社交媒体推广规划

社交媒体营销是一个需要持续优化的过程，卖家要根据市场变化调整长期规划。例如，卖家可以持续发布与品牌理念相关的内容，与用户建立深度联系；也可以定期更新内容并与用户互动，使用户保持对品牌的关注热度。

5.3 SEO 与关键词策略

在跨境电商推广阶段，SEO（Search Engine Optimization，搜索引擎优化）和关键词策略是提升流量和促进销售转化的重要手段。亚马逊作为全球最大的电商平台，其搜索算法对产品排名和曝光有着重要影响。因此，卖家不仅要深入研究关键词布局和平台的 SEO 规则，更要在实际操作中反复实践、动态调整，以顺应平台算法变化，实现产品曝光与销量的双重增长。

5.3.1 SEO 的战略意义

SEO 是跨境电商最为经济和高效的推广手段之一。优化产品页面内容和平台内外链接，可以帮助卖家有效提升商品的搜索排名，吸引自然流量。相比于高成本的广告投放，具有长尾效应的 SEO 是品牌建设中不可忽视的一部分。

1. 促进自然流量增长

自然搜索流量是亚马逊卖家的主要流量来源，占比通常超过 70%。卖家要精心设计页面内容并优化关键词，这样可以显著提高产品页面在搜索结果中的排名，吸引更多潜在客户的点击。

2. 增强客户信任度

在客户看来，排名靠前的产品通常更加可靠，因为他们相信亚马逊的搜索算法筛选出的是"高质量"商品。卖家在优化关键词后，不仅能提升排名，还能让客户感受到品牌的专业性与可信度。

3. 强化品牌曝光与竞争力

SEO 能帮助品牌持续占据搜索结果的黄金位置，使其在竞争中建立长期优势。例如，一些明星卖家会持续优化"爆款"产品的页面，使其长期占领关键词头部排名，从而带动全店商品的销量增长。

5.3.2 关键词策略的核心环节

关键词策略是 SEO 的基础。对于卖家而言，关键词的选择和使用直接决定了产品的曝光率和销售转化率。

1. 关键词的精确选择

（1）利用工具筛选高价值关键词

卖家可以利用谷歌关键词规划师、Ahrefs 或亚马逊自带的搜索数据工具，挖掘出与目标商品相关的关键词。

①核心关键词：具有较高搜索量的、直接描述产品类别的关键词，如"蓝牙耳机"。

②长尾关键词：更具体且竞争较小的关键词，如"便携式蓝牙耳机"。

③关联关键词：与产品功能、属性相关联的关键词，如"防水""降噪"等。

（2）分析竞品页面

研究竞品能帮助卖家高效提取优质关键词。卖家可以定期对销量靠前的竞争对手进行分析，归纳竞品使用的标题和描述，从中获取用户偏好的关键词。

（3）结合地域性特点

不同市场的语言表达方式存在差异。例如，同样是购买笔记本电脑，美国顾客习惯搜索"laptop",而英国顾客喜欢搜索"notebook"。根据目标顾客的习惯优化关键词,能显著提升搜索命中率。

2. 关键词的精准布局

关键词在页面中的分布非常重要,既要满足平台算法的抓取规则,又要使页面内容清新自然、表达流畅。

(1)标题中植入关键词

亚马逊的搜索算法对标题的权重较高,卖家要优先将核心关键词放在标题的开头部分,同时保证语句通顺。例如,为耳机设计的关键词为"高保真蓝牙耳机,降噪功能,40小时续航"。

(2)五点描述与详细描述

五点描述可以让买家快速了解产品特性,卖家要将长尾关键词和关联关键词自然地融入描述中。在详细描述部分,卖家要在用完整的句子描述产品优势的同时,合理融入关键词。

(3)隐藏关键词的运用

亚马逊允许卖家在后台设置隐藏关键词,这些关键词不会直接显示在页面上,但会参与排名计算。卖家可以利用这部分功能扩展关键词覆盖面。

5.3.3 SEO 的实施步骤

SEO 不是一蹴而就的操作,而是需要系统化执行并持续改进的过程。

1. 以高质量内容为基础

高质量的产品图片、精准的文字描述和有吸引力的标题设计,是吸引买家点击的重要因素。例如,在描述部分增加多种语言支持,可以提升非英语市场的转化率。

在页面中插入产品演示视频、3D 旋转图等内容，也能够提高买家对商品的信任度，增强产品宣传效果。

2. 技术性优化

研究表明，页面加载时间每增加 1 秒，购买率将下降 7%。因此，卖家要确保图片和文字优化后的页面能快速响应，无论是在 PC 端还是在移动端都能流畅加载，并且视觉效果和功能性要达到最佳状态。

3. 利用外部资源助力优化

卖家在社交媒体上推广产品页面，可以增加外部访问量，提高产品在亚马逊站内的搜索排名。与行业内的博客作者或测评网站合作，为产品增加优质的外部链接，既能引入高质量流量，又能提升品牌形象。

5.3.4 效果监控与策略调整

SEO 的效果需要通过长期的追踪和分析来评估。

1. 核心指标的追踪

定期监控核心关键词的排名变化，结合亚马逊后台的数据工具分析流量来源。卖家还可以通过对比优化前后的转化率变化，判断关键词布局的有效性。

2. 持续调整与优化

卖家要关注目标市场的季节性需求和流行趋势，及时调整关键词策略。例如，在圣诞节前夕，卖家可以在产品关键词中加入"节日礼品"等字眼儿，能够显著提升搜索排名和转化率。

卖家还可以通过监控竞争对手的关键词排名和流量来源，快速应对市场变化，保持领先优势。

5.3.5 SEO 的长期价值

SEO 是持续推动品牌成长的重要动力。

1. 实现成本可控的推广

相比于昂贵的广告投放,SEO 是一项具有高投资回报率的推广手段,尤其适合预算有限的中小卖家。

2. 构建品牌竞争力

卖家长期进行 SEO,有利于在目标市场内建立稳固的品牌认知,提升客户忠实度和复购率。

3. 积累数据与经验

在 SEO 的实施过程中,卖家能够积累大量市场数据,为后续的产品开发和推广策略提供依据。

5.4 利用跨境电商展会和活动

在跨境电商领域，参加展会和活动是卖家打开国际市场的重要途径。展会不仅能为卖家提供与全球买家面对面沟通的机会，还能快速提升品牌知名度。卖家要想充分利用展会资源，就不能盲目参展，而应深入研究展会的定位、目标受众，制订完善的参展策略。

5.4.1 跨境电商展会的类型与作用

1. 展会的主要类型

（1）综合类展会

综合类展会涵盖多个行业或领域，如中国进出口商品交易会和德国科隆国际博览会。这类展会汇聚了来自世界各地的买家，适合目标市场较为多元的卖家参与。该类卖家能够在展会上快速接触到众多潜在客户，有利于开发长期合作伙伴。

（2）垂直类展会

垂直类展会专注于某一行业或领域，如国际消费类电子产品展览会、国际食品博览会。这类展会能够精准触达目标客户，提升卖家的专业形象与行业地位，适合主营单一品类或深耕某一行业多年的卖家。

（3）区域性展会

区域性展会聚焦于特定国家或地区的市场需求，如中东地区的迪拜国际贸易展、拉丁美洲的圣保罗国际贸易展等。卖家可以参加这类展会，深入了解当地消费者的需求，为制订市场推广策略提供依据。

2. 展会的核心作用

（1）品牌推广与形象塑造

展会是展示品牌的重要窗口，卖家可以利用展会的平台，直观地向买家展示产品优势、品牌文化和核心价值，强化品牌的市场影响力。

（2）市场洞察与趋势分析

展会现场既有行业内的领先企业分享前沿产品与创新技术，也有专家与从业者分析新兴趋势。参会者置身其中，可以及时获取市场的最新动态，了解竞争对手的战略布局，据此调整自己的经营策略。

（3）客户开发与关系维护

展会为卖家提供了与潜在客户面对面交流的机会，积极参加展会有利于卖家与客户建立信任关系，为进一步合作打下基础。

5.4.2 如何高效参与跨境电商展会

1. 选择适合的展会

（1）明确目标市场

根据企业的产品特性与目标市场选择合适的展会。例如，电子类产品的卖家适合参加消费电子展，而快消品卖家则可以考虑参加全球自有品牌产品亚洲展。

（2）评估展会资源

在选择展会时，要评估展会的规模、参与者的质量和主办方的资质。例如，大型展会通常会吸引更多专业买家，但费用较高；小型展会虽然规模有限，但可能更适合细分市场的精准推广。

（3）重视展会的后续效应

优先选择具有持续影响的展会。这样的展会能提供展后跟踪服务或买家资源，帮助卖家拓宽用户网络。

2. 展会前的充分准备

（1）明确清晰的目标

参展目标可以包括提升品牌知名度、寻找分销合作伙伴、直接达成订单等。卖家要在目标明确的基础上制订行动计划，合理分配手中的资源。

（2）打造吸引眼球的展位

卖家要想吸引买家注意力，就要对展位进行精心设计。巧妙运用独特的设计元素、交互的产品展示方式、科学有序的产品陈列，可以提升参展效果。例如，卖家可以使用 VR（Virtual Reality，虚拟现实）技术展示产品的应用场景，或通过产品的动态演示吸引观众驻足观看。

（3）准备专业的推广资料

卖家应制作高质量的宣传手册、产品目录和演示视频，呈现的内容要符合国际市场的语言和文化规范。卖家还应当提前制作一份翔实、清晰的产品报价单，这样能够增强潜在客户对卖家的信任。

3. 展会中的高效执行

（1）与买家积极互动

在参加展会的过程中，卖家的团队成员要展现专业素养和亲和力，与潜在客户进行深入交流，了解他们的需求和关注点，利用产品演示强化对方的兴趣。

（2）收集市场反馈

展会是了解市场动态和竞争格局的窗口。卖家可以通过与潜在客户和竞争对手的交流，获取第一手市场信息，优化后续的市场策略。

（3）积极建立业务网络

利用展会扩展行业内的商业关系，与供应商、分销商和其他合作伙伴建立联系，为未来的业务发展打下基础。

4. 展会后的跟进与优化

（1）及时跟进潜在客户

展会结束后，卖家要第一时间与潜在客户进行联系，发送定制化的跟进信息或报价单，加深展会期间在潜在客户心中留下的良好印象。

（2）分析展会效果

卖家应及时统计参展期间的客户互动量、潜在合作项目数量和市场反馈信息，全面评估展会的投资回报率，优化未来的参展策略。

（3）强化品牌影响力

展会结束后，卖家可以发布新闻稿，在社交媒体上发布动态或在官方网站上更新有关内容，向消费者展示参展成果，进一步提升品牌的知名度。

5.4.3 跨境电商活动的创新形式

1. 线上与线下相结合的展会模式

近年来，线上展会成为跨境电商的重要发展趋势。在虚拟展厅开展在线洽谈和直播互动，能够打破时空限制，覆盖更多区域的买家，降低卖家的参与成本。例如，中国进出口商品交易会采用数字化技术搭建线上平台，让卖家能够与来自全球的客户实时互动，提高沟通效率。

2. 区域性推广活动

除了传统展会，卖家还可以借助区域性推广活动强化品牌的影响力。例如，举办线下品牌日活动、行业沙龙或社区活动，直接触达本地消费者，与他们建立更稳固的信任关系。

3. 社交媒体与展会的整合

利用社交媒体宣传展会信息，能够显著提升参展效果。例如，卖家在社交媒体上提前发布展会动态，直播参展过程或邀请买家互动，可以吸引更多目标受众关注展会，进而关注品牌，扩大品牌的传播效果。

5.4.4 参与展会与活动的常见问题及解决方案

1. 参展费用过高

对于中小型卖家来说，展会费用可能造成经济负担，因此，可以选择区域性展会或与其他卖家联合参展，这样能有效降低成本。此外，还可以关注政府和行业协会提供的补贴。

2. 缺乏经验导致参展效果不佳

新手卖家可能会因为缺乏展会经验，导致参展效果不理想。因此，在参展前，要和经验丰富的展会服务商合作，或是参加展会培训课程，快速提升参展能力。

3. 展后跟进不足

展会结束后，大多数卖家都缺乏及时有效的客户跟进。为了将展会上沟通过的潜在客户转化成实际的客户，卖家需要建立标准化的跟进流程，利用客户关系管理系统记录客户信息，这样可以显著提高转化率。

5.5 建立用户评价与口碑管理系统

在亚马逊平台上,用户评价和口碑管理关乎商品的销量排名和品牌形象,更会影响消费者的购买决策和品牌忠实度。因此,卖家需要建立一个完善的用户评价和口碑管理系统。对用户评价进行有效管理,能够树立品牌形象,推动销量增长。

5.5.1 用户评价的重要性

1. 提升产品的搜索排名与转化率

亚马逊的搜索算法十分注重用户评价,商品排名会受到评价数量和质量的直接影响。正面的用户评价能提升商品的曝光率,还能使商品在搜索结果中获得更靠前的排名,增加潜在客户的点击率。商品的排名越靠前,卖家获得的流量和销售机会就越大。

产品的高评分和正面评价能够让消费者更加信任卖家,增强购买欲望。研究表明,大部分消费者在做出购买决策之前,都会参考其他顾客的评价。因此,积极的用户评价能够提高点击率,促进购买转化率的提升。

2. 增强消费者的信任度

在跨境电商领域,买家与卖家之间的空间距离较长,潜在消费者无法直接接触到商品,因此其他消费者的评价便成为他们最重要的参考依据。大量好评能够有效减少消费者的疑虑,增强他们对商品和卖家的信任度,有助于提高顾客的满意度和复购率,最终形成良性循环。

正面的用户评价能吸引新客户,还能通过口碑传播扩大品牌的影响力。当顾客在其他社交平台上分享愉快的购买体验时，会进一步扩大品牌的知名度。

5.5.2 如何有效收集和管理用户评价

1. 优化评价获取流程

卖家应选择恰当的时机邀请客户给予商品评价。一般来说，最合适的时机是在顾客收到商品后的 3~7 天内。此时，客户对商品有了一定的使用体验，能够给出更有价值的反馈。需要注意的是过于频繁地请求客户给予评价，可能造成客户的反感，因此卖家要用恰当、合理的方式邀请客户评价商品，真诚地表达对客户意见的重视。

卖家可以提供适当的激励措施来鼓励客户留下真实评价，如提供优惠券或小礼品，但是切勿采取强制措施或采用虚假手段套取评价。虚假评价违反亚马逊平台的规定，一旦被平台发现，卖家有可能面临严重的惩罚。

2. 管理和分析评价

卖家要定期查看客户评价，对评价内容进行分析。卖家可以通过分析评价数据，发现产品和服务的优势和不足，从而有针对性地改进产品或服务。特别是对于负面评价，卖家更应当认真对待，寻找问题的根源，采取实际行动进行改进。

对于订单数量庞大的卖家来说，手动管理和跟踪评价会非常困难。因此，卖家可以借助第三方评价管理工具，如 FeedbackFive、ReviewPush 等管理和分析数据。这些工具能够集中处理评论，及时跟踪反馈，帮助卖家发现潜在的问题。

5.5.3 用户评价的管理和优化

1. 积累正面评价

卖家不但要关注评价的数量,更要注重提升评价的质量。客户留下有价值的评价,可以帮助新买家更好地了解产品;详细描述使用体验的评论,能增加商品的可信度。因此,卖家要引导客户做出有深度的评价,而不是单纯地打分。

卖家要主动与客户建立联系,鼓励他们分享自己的购买体验。卖家一方面要优化售后服务,定期回访,增强客户参与评价的积极性;另一方面,要与客户保持良好的沟通关系,促使客户做出更多正面反馈,有效提升产品的口碑。

2. 处理负面评价

哪怕是拥有最多好评的卖家,都无法避免评论区中出现负面评价,关键在于如何处理这些评价。卖家在面对负面评价时,要保持冷静,仔细分析造成客户不满的原因;然后要在评论区及时回应,表明自己对问题的重视,这有助于缓解客户的不满情绪,展现卖家的专业性和责任感。

回应评论之后,卖家还要采取实际行动解决问题。如果客户对产品质量不满意,卖家可以提供退换货服务;如果客户对物流不满意,卖家要积极与物流公司沟通,改进配送流程。这些措施可以帮助卖家把负面评价转化为积极的客户体验,提高客户的忠实度。

5.5.4 有关用户评价的平台政策和法律规定

1. 遵守亚马逊的评价政策

亚马逊对用户评价有严格的规定,卖家必须保证所有的评价都是真实的,并且遵守平台的相关政策，不得要求客户做出特定的评价，也不能通过虚假手段获取评价。违反规定的卖家会遭受处罚，甚至账号也会被永久封禁。因此，卖家必须在合法合规的框架内运营，所有操作都应符合平台的规则。

卖家要避免采用操控评价的措施提高商品的排名或销量。例如，禁止卖家自己或关联公司购买商品并做出虚假评价。这种做法不但有违道德，还会面临平台的严厉打击。长期来看，真实和透明的用户评价系统对卖家和品牌的长期发展更有益。

2. 保护消费者隐私

在一些国家，消费者的个人信息受到严格保护。卖家在处理用户评价时，必须遵循当地有关保护公民隐私的法律，不得泄露消费者的任何信息。卖家可以使用加密工具存储用户数据，保证数据安全。

5.5.5 口碑管理与品牌推广

1. 利用用户评价进行品牌宣传

卖家要在产品详情页中突出显示正面评价，特别是那些具有极高信任度的评价。例如，一些著名博主或行业专家的好评，能为品牌带来更高的关注度；某个顾客写下的详细使用体验，能极大地增强潜在客户对产品的了解。同时，卖家还可以在社交媒体和广告中引用客户的好评，增加品牌的曝光度。

2. 通过用户评价建立品牌忠诚度

优质的用户评价能够增加销量，帮助卖家建立品牌忠诚度。卖家对评价进行积极地管理，有助于塑造良好的品牌形象，让顾客对品牌产生归属感和信赖感。这不仅会让顾客在未来的购物中优先选择该品牌，还能通过在社交媒体平台上传播品牌信息，帮助卖家获取更多潜在客户。

第6章

迎难而上——面对的挑战与解决方案

6.1 处理跨境支付与货币转换问题

6.2 应对国际物流与关税问题

6.3 保障产品质量与退换货服务

6.4 克服文化差异与语言障碍

6.5 应对全球市场的法律与合规问题

6.1 处理跨境支付与货币转换问题

在跨境电商交易中，支付环节会对用户的交易体验产生较大影响，而货币转换直接决定了资金结算效率和成本管理效果。对于卖家来说，全球支付和多币种转换意味着高昂的成本、复杂的流程和烦琐的合规要求。因此，卖家要制订科学的支付策略，选择合适的工具和平台，同时优化资金管理流程，从而提高竞争力。

6.1.1 跨境支付中的主要挑战

1. 高额手续费与货币转换成本

（1）手续费的构成

跨境支付的手续费由几个部分组成，包括支付平台服务费、银行的中间行费用和动态货币转换费等。交易所在的国家或地区不同，或者支付方式不同，以上费用都可能会有较大差异，特别是在涉及多次资金中转的情况下，成本会显著上升。

（2）汇率的隐形损失

一些支付平台在货币转换过程中提供的汇率低于市场汇率，这种隐性成本容易被卖家忽视。在长期运营中，这些费用会积少成多，造成不可忽视的利润损失。因此，卖家要选择汇率透明的平台。

2. 多样化的支付需求

（1）消费者支付偏好的差异性

不同国家和地区的消费者，在支付方式的选择上存在明显差异。例如，欧美市场以信用卡为主，亚洲市场更倾向于使用电子支付或银行转账。卖家要为目标市场的消费者提供符合使用习惯的支付选项，否则可能造成订单转化率下降。

（2）支付方式集成的复杂性

卖家一方面要支持多种支付方式，另一方面还要能够有效整合不同支付渠道的数据。这样会增加技术层面的成本，还可能在集成过程中产生兼容性问题和操作风险，因此卖家需要尤为注意。

3. 安全与合规问题

（1）支付欺诈的风险

在跨境交易中，支付欺诈问题普遍存在。例如，买家可能使用虚假的信用卡信息完成支付，或者利用平台政策的漏洞进行恶意退款。卖家要建立严格的防欺诈机制，防止可能出现的损失。

（2）金融合规要求的复杂性

不同国家对跨境支付的法规要求各不相同。例如，欧盟要求卖家符合《支付服务指令（第二版）》中的身份验证规定，美国则对反洗钱和税务合规提出了严格要求。卖家必须熟悉目标市场的法律法规，避免因违规导致业务中断，甚至带来法律风险。

6.1.2 优化跨境支付与货币转换的策略

1. 选择高效的支付工具与平台

提供跨境支付服务的主要平台包括 Payoneer、WorldFirst 和 Wise 等，这些平台在服务费率、支持的货币种类和到账时间等方面各有其优点和不足，卖家要根据自身需求，综合考虑使用成本和效率。

除了选择主流支付平台，卖家还可以使用 Stripe、PayPal 等工具。这些工具不仅能够作为支付选项，还能提供数据分析和客户管理服务，帮助卖家提升运营效率。

2. 优化货币转换流程

一些支付平台和银行提供锁定汇率服务，卖家可以提前确定汇率并锁定一段时间，以免因为汇率波动造成资金损失。这种服务特别适用于大额货币兑换的场景。

卖家可以使用分批兑换的方式，降低大额兑换带来的风险。这样既能捕捉汇率波动的有利时机，还能分散单次兑换的潜在损失。

3. 提升支付安全性

在支付环节引入双因子验证和反欺诈检测工具，可以显著降低发生支付欺诈的概率。支付平台会提供相关服务，卖家要在使用之前进行核查，确认这些功能已经启用。

卖家要利用支付平台提供的监控工具，对所有支付活动进行实时追踪。一旦发现异常行为，要及时采取措施，如冻结账户或联系支付平台。

6.1.3 借助亚马逊平台的支付解决方案

1. 亚马逊全球收款服务的优势

（1）简化资金结算流程

亚马逊全球收款服务为卖家提供了直接的资金结算渠道，避开了第三方支付平台的中转环节。这项服务的收款效率更高，还能降低隐性的手续费。

（2）支持多币种账户

亚马逊全球收款服务，支持卖家在多个国家的银行账户接收款项，提供透明的货币转换服务，帮助卖家优化跨境支付流程。

2. 利用亚马逊的支付工具

（1）亚马逊礼品卡的灵活应用

除了传统支付方式，亚马逊礼品卡也是一种灵活的支付工具。卖家可以通过促销活动发放礼品卡，吸引消费者参与购买，简化支付操作。

（2）借助亚马逊广告的支付数据分析

亚马逊提供的数据分析工具能够帮助卖家追踪客户的支付行为，为卖家优化支付体验提供数据支持。

3. 提高支付透明度和降低交易成本

（1）支付透明度的重要性

在跨境交易中，如果支付环节不够透明，就会引发客户的质疑。例如，消费者可能因为手续费不明确，或支付时的汇率差异而产生不满，影响购物体验。卖家要在结算页面清晰标明各项费用，包括税费、汇率转换手续费等，增强交易的透明度。这既有助于提升客户满意度，还能够有效减少交易纠纷。

（2）减少中间环节，降低成本

在跨境支付中，每增加一个中间环节，就会增加相应的费用，如银行手续费、支付网关服务费等。卖家要考虑是采用直接支付的解决方案，还是与目标市场所在地区的金融机构合作，减少中间费用。同时，与亚马逊推荐的支付服务商合作也能够让支付流程更加安全和高效。

4. 提升支付系统的技术支持能力

（1）部署多货币支付技术

为了进一步提高购物的便捷性，卖家要部署支持多币种支付的系统。这样的系统可以自动识别消费者所在的国家和货币单位，实时提供精准的汇率计算服务，使交易能够顺利完成。这种方式能够减少因货币汇率差异造成的客户流失,还能展现卖家的国际化形象。

(2)保障数据安全和支付隐私

跨境支付涉及大量敏感信息,如客户的银行卡号、支付账户信息等。卖家必须采用加密技术、防火墙保护、两步验证等方式,全面提升支付环节的安全性。消费者对支付安全性的信任程度,决定了交易的成功率,这一环节的技术投入必不可少。

6.2 应对国际物流与关税问题

跨境电商的顺利运营,离不开高效的国际物流和合规的关税处理。物流效率、关税清算等环节不仅直接关系到消费者的购物体验,还会影响卖家的利润。因此,卖家要想妥善应对国际物流和关税问题,就必须注意以下几个方面。

6.2.1 优化国际物流网络

1. 选择合适的物流模式

(1) 自营物流与第三方物流的权衡

卖家要在自营物流和第三方物流之间做出选择。自营物流可以提升时效性和服务的可控性,但前期投入较大,适合订单量较大的卖家;第三方物流服务商(如 DHL、UPS 等)为中小型卖家提供了灵活的解决方案,既能降低运营成本,又能覆盖广泛的目标市场。

(2) 海运、空运与陆运的合理组合

产品的价值和时效性决定了采用何种运输方式。对于大件或低货值产品,要首选海运,因为成本较低;对于高货值或时效要求较高的产品,空运则更具优势;针对毗邻市场,如从中国运送至东南亚市场,采用陆运方案可以显著提高效率。卖家要根据货物的特点和目标市场合理规划运输模式。

2. 建立海外仓储网络

(1) 海外仓的优势

建设海外仓可以显著缩短交货时间,提升客户的购物体验。例如,卖家可以利用亚马逊的物流服务，将商品存储在目标市场的仓库中，在平台上完成订单处理、配送及退换货管理。这既简化了跨境物流环节，还能提高平台的销量排名。

（2）海外仓建设的注意事项

卖家在选择海外仓时，要充分考虑目标市场的分布特点、仓储容量和服务商的信誉度。此外，还要评估海外仓的运营成本，包括仓储费、配送费和退货处理费，保证合理的利润空间。

6.2.2 提高关税处理效率

1. 熟悉目标市场的关税政策

（1）研究进口税与增值税规定

不同国家的关税政策差异较大。例如，欧盟市场要求卖家注册增值税税号，美国的部分州需要征收销售税。因此，卖家要在开拓新市场前详细研究目标市场的税务要求，保证合法合规经营，否则可能会被罚款或扣留货物。

（2）充分利用贸易协定优惠政策

一些国家和地区之间签署了自由贸易协定，为特定商品提供减免关税的优惠。中国出口的商品在《区域全面经济伙伴关系协定》覆盖的国家可以享受税收优惠。卖家要和供应链上下游密切合作，保证商品符合协定要求，以降低关税成本。

2. 提高报关效率

（1）自动化报关系统的应用

卖家可以借助自动化报关系统，将商品信息、原产地证明和发票数据直接上传至关税管理平台，减少人工操作的失误，缩短报关时间。例如，亚马逊与多个国家的海关系统实现了无缝对接，能够帮助卖家简化报关流程，提高通关效率。

（2）与专业报关代理公司合作

不熟悉目标市场法律法规的卖家，应当选择与专业报关代理公司合作。这些代理公司对当地的海关政策有深入的了解，能够提供有针对性的合规建议。报关代理还能帮助卖家快速应对清关过程中可能出现的突发问题，如文件不全或货物抽检等。

3. 加强对关税分类的精准把控

（1）使用正确的 HS 编码

HS 编码是国际贸易中征收关税的重要依据。卖家要根据商品属性准确填写 HS 编码，以免因分类错误被征收额外费用。例如，电子产品和普通家居用品的税率相差甚远，在填写时必须仔细核对。

（2）借助专业平台自动化清关

卖家可以借助亚马逊提供的自动化清关工具快速完成商品分类、税率计算和文件提交等工作。这能极大地提高通关效率，降低人工操作的风险。与第三方清关服务商合作也是一种有效的策略，特别是当目标市场政策频繁变动时，更应与专业机构合作。

6.2.3 降低物流与关税成本

1. 降低物流成本

（1）减少库存积压与配送浪费

高效的供应链管理能够降低物流成本。例如，卖家可以使用市场预测和库存管理工具，如亚马逊的"库存仪表盘"等，避免产生库存积压，降低配送成本。优化包装设计也能有效缩小运输体积，降低物流费用。

（2）采用分段运输模式

在跨境运输中，卖家可以将长途物流与短途配送分开管理。例如，使用海运完成长距离运输，再结合当地的配送网络完成"最后一公里"投递。这种模式能够最大程度发挥不同运输方式的成本优势，同时保证配送的及时性。

2. 降低关税成本

（1）提供"关税预付"选项

卖家可选择为消费者提供"关税预付"服务。这种模式虽然增加了卖家的运营成本，但可以避免消费者因为要支付额外的税费而放弃订单，有助于提升整体的订单转化率。

（2）借助平台资源分摊成本

"亚马逊全球开店计划"中提供了"增值税计算服务"和"亚马逊全球税务解决方案"，帮助卖家更好地处理跨境税费问题，该举措将部分成本转嫁给了平台，降低了卖家的负担。

6.2.4 应对突发问题与风险

1. 确立物流与关税应急预案

在跨境运输过程中难免出现延误问题，卖家要提前确立清晰的应急预案。例如，与物流服务商签署服务级别协议，以便在发生延误时能够快速调动服务商的备用运输资源。卖家还要及时告知客户延误的事实，承诺提供优惠券或采取其他补偿措施，降低客户的不满。

又如，当因商品分类错误或文件不全造成关税纠纷时，卖家要迅速与海关沟通，补充相关材料或申请税务复议。必要时，可以聘请专业的税务顾问协助处理问题，避免因此影响后续货物的正常清关。

2. 灵活调整物流策略

在购物高峰期到来前,卖家要提前将货物运往目标市场附近的仓库,动态调整库存分配,应对突发性的需求变化。并且,在购物旺季,亚马逊还会推出专属的物流服务,旨在帮助卖家应对高峰期的配送压力。卖家应积极与平台沟通,争取更多优惠政策。

6.3 保障产品质量与退换货服务

在亚马逊平台上,产品质量与退换货服务是塑造店铺口碑的两大影响因素。亚马逊始终将顾客体验置于首位,平台规则明确要求卖家妥善处理退换货事宜,保障产品质量与消费者权益。因此,卖家应遵循平台规则,结合实际情况优化业务流程,确保为客户提供优质的产品和满意的服务。

6.3.1 借助亚马逊平台优化产品质量

1. 利用亚马逊质量管理工具

(1)亚马逊商品合规工具

亚马逊为卖家提供了一系列合规支持工具,如商品合规工具,它可以帮助卖家验证产品质量是否符合法规要求。卖家可以利用该工具了解各国的产品认证需求,如美国的FCC(Federal Communications Commission,联邦通信委员会)认证、FDA(Food and Drug Administration,食品药品监督管理局)认证等。

(2)亚马逊数据报告

亚马逊提供的数据报告能反映商品的质量,如客户退货原因报告和商品评论分析报告能够帮助卖家找到问题的根源,以便卖家进行改进。例如,某款电子产品的退货原因报告中显示该产品频繁因"使用故障"被退货,卖家就要和供应商协商,改进设计或替换零部件。

2. 提升亚马逊品牌信誉

（1）参与"亚马逊品牌注册计划"

卖家注册品牌后，可以获得更多保护和工具上的支持。例如，可以防止未经授权的卖家销售假冒商品。这不但能维护品牌声誉，还能保证商品质量。

（2）加入"亚马逊透明计划"

加入"亚马逊透明计划"后，卖家可以为每件产品配备唯一的二维码标签。客户收到商品后，可以通过扫描二维码核对产品的来源和真实性。这种方式能够提升产品的可信度，减少因假货导致的退货投诉。

3. 供应链端的质量管控

（1）借助亚马逊全球物流服务

亚马逊为卖家提供全球物流服务，支持卖家从供应商到仓库的全流程运输管理。借助这项服务，卖家可以更严格地监控产品运输过程，减少因商品破损导致的退货情况。

（2）与供应商协作

亚马逊卖家要选择具备长期合作潜力的供应商，与之签订完善的质量监控协议。对每批次商品进行抽样检测和预装箱检查，能够显著降低次品流入仓库的风险。

6.3.2 处理退换货问题

1. 熟悉亚马逊退换货规则

（1）标准化退货政策

亚马逊要求卖家为所有客户提供无理由退货选项，这项规则对于亚马逊"Prime"商品更为严格。因此，卖家要预设退货操作流程，使客户能迅速获得退款或更换商品。

（2）自发货退换货处理规则

对于自发货订单，亚马逊规定卖家必须在48小时内处理退货请求。如果退货无法按时处理，平台可能暂停相关商品的销售权限。因此，卖家要设置自动通知功能，提醒客户服务团队及时处理客户的退货请求。

2. 借助FBA模式优化退换货流程

（1）简化客户退货流程

卖家将商品交由FBA管理后，退货流程便完全由亚马逊负责，包括客户退回商品的接收、检验和退款。这能减轻卖家的运营负担，提升客户满意度。例如，客户要从美国退回一件衣服，可以直接寄往亚马逊的本地退货中心，卖家只需支付少量处理费用。

（2）FBA退货处理中的关键节点

退货完成后，亚马逊会根据商品状况进行分类。可以重新上架的商品会自动加入库存，不可上架的商品则由卖家选择退回或销毁。卖家要定期检查退货商品的处理记录，更新库存明细，根据退货原因分析商品质量的改进空间。

3. 优化退货过程中的客户沟通

（1）使用亚马逊消息系统

卖家与客户关于退货事宜的所有沟通，必须通过亚马逊消息系统进行。这一操作不仅仅是为了遵守平台规定，更是为卖家保存有效证据的关键举措。以处理"商品与描述不符"的退货场景为例，卖家可以借助亚马逊系统中的消息记录向平台申诉。

（2）灵活提供补偿方案

针对部分问题商品，卖家可以向客户提供多种退货替代方案，降低退货率。例如，物流延误导致客户不满，卖家就可以向客户赠送优惠券或部分退款；因商品有轻微瑕疵退货，可以建议客户保留商品并退还部分费用。这种方式既降低了物流成本，还能提升客户体验。

6.3.3 降低退货率的策略

1. 优化商品详情页内容

（1）提供真实的商品描述

许多退货问题源于商品详情页的描述不够准确。卖家可以使用亚马逊 A+ 内容功能，详细展示产品规格、使用场景和材质细节。例如，拍摄多角度图片和操作演示视频，减少客户对商品功能的误解。

（2）提供对常见买家问题的解答

亚马逊允许卖家在后台设置"买家问答"板块，汇总买家关心的常见问题，如产品的尺寸、保修条款和使用方法。卖家可以借助这个功能引导客户购买合适的商品，减少因不符合客户预期导致的退货。

2. 运用数据分析工具

（1）分析退货数据趋势

亚马逊提供的退货报告能显示每款商品的退货原因、退货率和存在的问题。卖家可以利用这些数据定位高退货率商品，并进行有针对性的改进。例如，对于经常被标注"物流破损"的商品，可以优化包装设计。

（2）定期跟踪客户满意度

卖家要利用请求评论功能，收集客户的评论和评分，以便进一步改进产品质量，优化用户体验。

3. 增强客户信任

（1）主动回复差评

差评会影响商品的转化率，降低店铺的整体评分。卖家要利用亚马逊的"客户服务支持"功能，及时联系给出差评的客户，提出解决方案，如为客户免费更换商品或提供额外补偿。

（2）关注"买家满意度"相关指标

亚马逊对卖家的表现有一套量化的考核指标，包括订单缺陷率、退货率等。卖家要使这些指标保持在安全范围内（通常低于1%），否则可能面临商品下架或账户封禁的风险。因此，卖家要定期监控相关数据，保障店铺稳定运营。

6.3.4 应对特殊退换货问题

1. 处理恶意退货行为

（1）申诉机制

亚马逊允许卖家对恶意退货行为提出申诉。卖家要保存客户的退货记录、商品照片等证据，在平台提供的申诉入口提交支持材料。例如，对于声称"商品未收到"的客户，卖家可以提交物流追踪记录。

（2）使用"卖家保护计划"

亚马逊的"卖家保护计划"能在一定程度上减少恶意退货造成的损失。对于高风险或大额订单，卖家可以选择加入该计划，规避潜在风险。

2. 应对退货高峰期

（1）加强预警与备货

在购物高峰期，退货率可能大幅上升。卖家要提前准备充足的库存，优化退货流程。例如，与FBA合作的卖家要申请提高仓库退货处理能力，以应对订单和退货量的同时增长。

（2）设置高峰期临时政策

购物高峰期期间，卖家可以适当延长退货期限，缓解客户压力。同时，卖家要主动向客户提供物流延误的补偿方案，避免投诉升级。

6.4 克服文化差异与语言障碍

文化差异与语言障碍是跨境电商要应对的重要挑战。亚马逊作为全球最大的电商平台，市场覆盖数十个国家和地区，因此，卖家要应对来自不同文化背景的顾客，还要应对复杂的语言环境。这要求卖家不但要理解目标市场的文化特点，还要通过语言策略拉近与客户的沟通距离，提升客户的满意度。具体包含以下几个方面。

6.4.1 克服文化差异对运营的影响

1. 商品定位与文化适配

（1）设计符合文化偏好的商品

不同地区的文化背景直接影响当地消费者的购物习惯。例如，欧洲消费者偏爱设计简约的家居用品，中东地区的消费者更喜欢带有宗教文化属性的商品。卖家要研究目标市场的文化特点，结合亚马逊的购物数据，调整产品设计，以便其符合当地消费者的审美和使用习惯。

（2）商品包装中的文化差异

文化差异还体现在商品包装上。例如，在某些国家和地区，复杂的商品包装会被消费者认为是浪费资源，而其他市场的客户可能将其视为高端商品的象征。卖家要根据目标市场的反馈，优化包装设计，展现较好的文化适应性。

2. 根据文化差异调整销售策略

（1）节庆促销的文化考量

在不同国家和地区的节假日，消费者的购物习惯也有显著的不同。以美国的"黑色星期五"和中国的"双十一"购物节为例，二者的促销重点完全不同。卖家可以利用亚马逊广告管理工具，开展符合目标市场节日主题的促销活动，提高销售转化率。

（2）售后服务中的文化差异

一些市场的消费者喜欢与卖家进行电话沟通，而在另一些市场，消费者可能更愿意借助网络获取卖家的支持。因此，卖家要了解不同国家和地区消费者的沟通习惯，据此提供个性化的售后服务。亚马逊的"买家与卖家消息服务"功能可以提供个性化且具备文化敏感性的售后支持，卖家可以借此提升客户满意度。

3. 品牌建设中的文化认同

（1）以文化为基础的品牌故事

卖家可以借助亚马逊的 A+ 内容进行页面展示，围绕目标市场的文化背景讲述品牌故事。例如，环保主题的品牌可以通过强调其产品符合环保政策，支持可持续发展，赢得消费者的信任。

（2）借助文化符号进行品牌推广

在广告中融入目标市场熟悉的文化符号或象征意象，可以更快地与当地消费者建立情感联结。亚马逊的展示广告支持多样化的广告素材，卖家可以根据不同市场定制广告内容，提升品牌影响力。

6.4.2 解决语言障碍问题

1. 亚马逊提供的语言支持功能

(1) 亚马逊自动翻译工具

亚马逊为跨境卖家提供自动翻译功能，可以将商品详情页的内容从卖家使用的语言翻译为目标市场语言。这项功能极大地降低了语言障碍对卖家的影响。卖家要注意的是，自动翻译可能存在翻译不准确、用词不当的问题。在翻译完成后，卖家要注意及时进行人工校对，保证翻译得准确恰当，并且符合当地语言习惯。

(2) 买家消息自动翻译服务

亚马逊提供了买家消息的自动翻译服务，帮助买家和卖家进行沟通。假如有一位德国用户提出退货请求，来自中国的卖家会收到自动翻译成汉语的消息。这样既提升了沟通效率，还能减少语言障碍导致的误解。

2. 多语言优化商品详情页

(1) 雇佣专业翻译人员

亚马逊虽然提供了自动翻译功能，但专业的翻译人员能使商品详情页的翻译内容具有更高的质量。尤其是在撰写标题、描述核心卖点和回复用户评论时，专业的翻译人员能够使用更精准且符合当地习惯的语言，有利于显著提升客户的信任度。

(2) 使用本地化关键词

亚马逊广告和 SEO 规则要求使用符合客户搜索习惯的关键词。例如，同样是搜索运动鞋，英国用户可能输入"trainers"，而美国用户更习惯使用"sneakers"。卖家要根据不同市场的用户搜索习惯调整关键词，提高商品的曝光率。

3. 多语言客户服务策略

（1）组建多语言客服团队

如果卖家希望在多个市场长期发展，就要考虑组建专业的多语言客服团队。客服人员不但要掌握目标语言，还应当了解客户的文化背景，以便更好地处理疑难问题。例如，和中东地区的客户沟通，要注意尊重对方的宗教信仰。

（2）借助第三方服务解决语言难题

如果卖家暂时无法建立多语言客服团队，可以在亚马逊服务市场寻找第三方客户服务支持。借助这种方式，卖家能用较低成本实现多语言客户服务。

6.4.3 利用平台工具提升全球化适应能力

1. 亚马逊全球开店计划

"亚马逊全球开店计划"为卖家提供全方位的跨境电商支持，包括市场分析、物流整合和语言适应等服务。卖家可以利用该计划了解各国市场的文化特点和语言习惯，制订更精准的营销策略。

2. 亚马逊本地化内容工具

卖家可以利用亚马逊 A+ 内容创建生动的商品详情页，采用文字、图片和视频等多种媒介形式传递关键信息。例如，对文化习惯多样的市场，卖家可以生成动态内容，根据买家所在的地区显示不同的商品和促销信息。

6.4.4 构建多文化协作机制

1. 与本地化团队合作

（1）招聘本地顾问

熟悉目标市场文化和语言的本地顾问，可以为卖家提供一手信息，帮助卖家及时调整商品和营销策略。例如，在非英语国家市场，本地顾问能够协助卖家制作更接地气的运营方案。

（2）建立本地买家互动机制

使用亚马逊问答功能，或在社交媒体上与本地消费者互动，收集客户的反馈，据此调整产品和服务。

2. 参与本地活动和社交互动

（1）融入本地社区

积极参与目标市场的节日或社区活动，可以帮助品牌快速建立口碑。例如，在东南亚市场，卖家可以借助传统的节庆活动开展营销活动，这样往往有助于获得消费者的认同。

（2）借助本地社交平台推广

卖家可以将亚马逊作为核心销售渠道，同时与当地社交平台合作，提高品牌曝光率，为消费者提供更多购买渠道。

6.5 应对全球市场的法律与合规问题

在跨境电商运营中，卖家要接受不同国家和地区的法律法规的监管。法律与合规问题贯穿商品上架、销售、物流、数据管理等环节，影响到业务的可持续发展。要想合法合规经营，卖家就要制订系统化的合规策略，灵活运用亚马逊提供的工具和服务，降低潜在风险。

6.5.1 法律与合规问题的核心挑战

1. 商品合规和环境责任

（1）不同市场的商品安全与合规要求

不同市场对商品的质量和安全性有不同的规定。例如，在欧盟市场销售电器产品，需要通过《电子电气设备中限制使用某些有害物质指令》和《废旧电子电气设备指令》的认证；在美国市场销售食品和保健品，则需通过 FDA 的审批程序。

（2）环境可持续性和包装要求

随着环保意识的提升，许多国家开始对包装废弃物和碳足迹进行严格管控。例如，欧盟的《包装和包装废弃物法规》要求产品包装必须易于回收或再利用。跨境卖家要选择符合环保标准的包装材料，并提供有关产品环保性能的证明。

2. 数据保护与跨境传输

（1）数据隐私和合规要求

各国对数据隐私有不同的保护标准。以欧盟的《通用数据保护条例》

为例，该条例对客户数据的收集、存储和使用都有严格规定，卖家只有在获得消费者的明确同意后才能使用其个人信息。我国的《中华人民共和国个人信息保护法》和巴西的《巴西通用数据保护法》也对数据保护提出了类似要求。

（2）跨境数据传输的限制

某些国家限制将用户数据存储在境外服务器上。卖家在管理客户信息时，需要按照法律要求传输和存储数据，有时需要采取加密措施或使用本地服务器。

3. 知识产权保护与市场恶意竞争

（1）侵权风险的规避

亚马逊在保护知识产权方面十分严格，一旦收到侵权投诉，涉嫌侵权的商品会被立即下架，甚至会封禁相关账户。卖家要确保商品的设计、包装、产品描述等不涉及侵犯他人的知识产权。

（2）应对恶意竞争与假冒问题

某些不良卖家会利用投诉机制对竞争对手进行恶意投诉，这时正规卖家就要利用亚马逊提供的品牌保护工具维护自己的合法权益，必要时要拿起法律的武器。

6.5.2 应对法律与合规问题的策略

1. 商品合规与可持续发展的实践

（1）合规认证的获取和更新

在将产品上架之前，卖家要根据目标市场的法律要求进行必要的认证，可以提前准备好产品的检测报告、合规证书和标签样本，及时提交至平台和监管机构以便对方审核。

（2）环保包装和循环经济策略

环保法规日益严格，卖家要选择可降解材料制作产品包装，或简化包装设计，满足环保要求，提升品牌形象。

2. 数据隐私的管理

（1）制订数据管理方案

卖家要制订符合各国法律法规的数据管理方案，涵盖数据收集、存储、传输和销毁的流程，确保各环节能够科学完善地执行。在交易过程中，要向客户清晰地说明数据使用方式，增强客户的信任感，降低由于信息泄露引发的风险。

（2）投资安全技术

加密传输协议、双重身份验证和本地化数据存储等手段，能够有效保证数据安全。卖家可以使用亚马逊的"消费者隐私工具"，满足《通用数据保护条例》等法规的要求。

3. 知识产权保护的具体措施

（1）利用亚马逊品牌备案功能

亚马逊品牌备案可以帮助卖家快速发现和处理侵权行为，提高品牌商品的搜索排名，增强产品的市场竞争力。

（2）借助"亚马逊透明计划"

卖家可以借助"亚马逊透明计划"为每件商品分配独特的代码，这样做一方面可以防止假冒商品流出，另一方面可以向消费者传递准确的产品信息，强化品牌的诚信度。

6.5.3 整合亚马逊平台工具与外部资源

1. 亚马逊的法律与合规支持

（1）商品合规工具

亚马逊的"商品合规中心"是卖家的得力助手，能够提供商品的法律审核支持。它覆盖全球的各种法律条款，提供了便捷的操作指南和最新的当地政策。如果某个市场实施了新的认证标准，亚马逊就会在第一时间发布详细要求，帮助卖家迅速调整商品和服务。卖家可以利用这一工具，在商品上架前了解是否需要额外的文件或认证，从而保证顺利通过审核。

（2）"亚马逊全球开店计划"的法律服务

"亚马逊全球开店计划"专门为新手卖家提供从注册到合规的全流程支持。该项目的法律服务团队熟悉目标市场的商标注册、税务申报和法律文件准备等工作，可以帮助卖家快速上手。例如，卖家进入欧盟市场时，可以利用这项服务完成 CE 认证申请，使商品符合当地法规。

（3）亚马逊政策更新通知功能

亚马逊提供政策更新通知功能，卖家可以选择接收不同地区的最新政策，以便及时调整运营策略。例如，澳大利亚加强了对化妆品成分的限制，卖家可以及时收到通知，获得详细的新法规解读文件和建议采用的解决方案。

2. 与第三方专业机构合作

（1）法律咨询和审计服务

卖家在跨国经营时，会面临同时需要适用多国法规的情况。例如，卖家如果同时在美国、欧盟和日本销售商品，就要应对不同的安全标准和税务申报流程。卖家可以选择与专业的法律服务机构合作,享受定制化的合规咨询服务。此外,审计服务可以帮助卖家检查商品的合规状态,降低潜在的法律风险。

(2)清关与进口代理服务

清关是必不可少的环节,但由于各国的清关政策有很大差异,卖家经常会遇到商品被扣留的问题。专业的清关代理服务能帮助卖家提交准确的申报资料和文件,使货物预先被审核,保证清关顺利通过。一些代理机构还会为卖家提供商品分类建议,帮助卖家提高整体物流效率。

(3)认证和标准测试实验室

对于需要特殊认证的产品,如电子设备或食品等,卖家可以借助第三方实验室进行检测和认证。实验室可以提供一站式的认证服务,如CE认证、FDA注册等,还可以为商品提供详细的测试报告。这既是合法合规经营的基础,也能为消费者提供更多的信任背书。

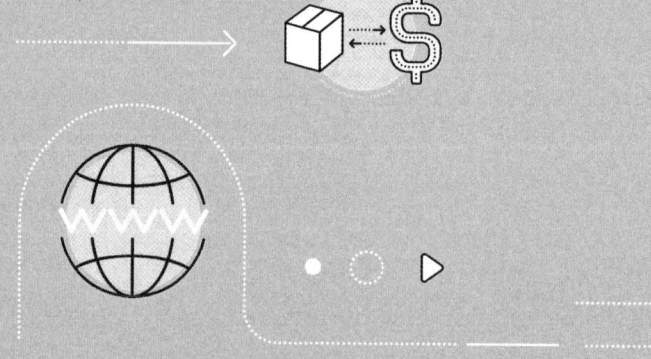

第7章 扩展市场——业务增长与国际化策略

7.1 分析和选择扩展市场的策略

7.2 跨境扩展市场的风险管理

7.3 本地化产品与营销策略

7.4 与本地合作伙伴建立关系

7.5 处理多国语言和客户需求

7.1 分析和选择扩展市场的策略

在跨境电商运营中,卖家选择合适的市场进行扩展是实现业务增长的关键。随着全球化的发展,各国市场的商业环境、消费者需求、政策法规呈现出高度多样化的特点。亚马逊作为全球最大的电商平台之一,为卖家提供了多地区、多站点的市场选择机会。卖家要结合亚马逊的市场布局,综合考量目标市场的经济潜力、竞争格局、文化差异和法律环境等,制订科学的市场扩展策略。

7.1.1 市场选择的重要性

市场选择是决定卖家盈利能力和可持续发展的关键因素。选择合适的市场,有助于卖家借助亚马逊平台的资源和工具快速打开局面,形成竞争力。

1. 提升资源利用效率

亚马逊平台提供北美、欧洲、亚太、中东等区域的多个站点。卖家要根据自身资源和产品特点选择最具潜力的站点。例如,对于预算有限的中小卖家,可以优先选择北美站点,集中资源、提升效率。

2. 降低市场进入风险

选择市场成熟度较高、政策较为稳定的站点,如美国站和欧洲站等,可以降低运营风险,帮助卖家稳步开拓业务。

3. 分散经营风险

卖家可以借助"亚马逊全球开店计划"布局多个站点,降低单一市场波动对整体业务的影响。例如，当北美市场受到经济波动的影响时，卖家可以在欧洲或日本站点实现销售收入的平衡。

7.1.2 扩展市场的评估方法

科学评估目标市场的潜力，是选择和扩展市场的关键。卖家要结合亚马逊提供的分析工具，从宏观和微观两个层面进行市场分析。

1. 宏观层面：市场吸引力分析

（1）经济发展水平

目标市场的经济发展水平直接决定了消费者的购买力。亚马逊美国站和德国站是全球购买力最强的两个市场，也是许多卖家的首选扩展区域。

（2）电商渗透率与互联网普及率

亚马逊覆盖的市场大多具有较高的电商渗透率和互联网普及率，如英国、日本和澳大利亚等。这些国家的消费者有成熟的线上购物习惯，市场前景广阔。

（3）物流与支付环境

卖家要评估目标市场的物流基础设施和支付便利性。例如，日本站的本地物流效率很高，所以很受亚马逊卖家的青睐。

2. 微观层面：市场竞争与消费行为分析

（1）竞争强度

亚马逊平台的每个站点都有特定的竞争格局。卖家可以通过亚马逊后台的市场洞察工具或第三方工具（如 Jungle Scout）分析目标市场的竞争强度。例如，美国站的市场规模最大，但是很多品类的竞争高度饱和；加拿大或澳大利亚站的某些细分市场竞争相对较小。

（2）消费者需求与偏好

不同市场的消费者需求和购物偏好有很大的不同。例如，欧洲消费者偏好符合环保理念、具有可持续性的产品；而东南亚消费者更注重价格和性价比。

（3）语言和文化适应性

亚马逊支持多语言服务，卖家要根据目标市场的语言和文化特点优化产品页面。例如，卖家要想在亚马逊法国站开设店铺，就要提供法语的产品描述和客服支持。

7.1.3 扩展市场的实施步骤

在亚马逊平台上扩展市场是一项复杂而系统的工程，卖家要从整体战略规划到资源配置的每一个环节，采取精细化、系统化的步骤。

1. 市场调研与定位

卖家可以借助"亚马逊全球开店计划"提供的工具以及第三方数据平台，分析目标市场的电商发展趋势和产品需求趋势，然后根据分析结果选择最符合产品定位的站点。例如，销售高端家居用品的卖家可以优先考虑德国站，因为那里的消费者对家居用品的品质要求较高，且购买力强。

2. 资源配置与团队组建

扩展市场时要建立本地化的运营团队，在本地招募客服、营销和物流人员，保证服务质量和运营效率。扩展市场的初期，卖家可以借助亚马逊广告和促销工具进行小规模的市场测试；当逐步站稳脚跟后，再扩大资源投入。这种方式可以帮助卖家更好地控制成本。

7.1.4 扩展市场策略的未来发展方向

随着亚马逊全球业务的持续扩展,卖家要想在激烈的市场竞争中抢占先机,就需要关注新兴市场,挖掘其存在的巨大潜力,利用技术手段提升扩展市场的效率。

1. 关注亚马逊的新兴站点

亚马逊近年来陆续推出新站点,如沙特阿拉伯和阿联酋等,为卖家提供了开拓新市场的机会。这些地区的电商市场仍处于快速增长阶段,适合提前布局。

2. 利用大数据选择市场

亚马逊平台提供的分析工具(如"销售中心报告")及人工智能技术可以帮助卖家更精准地预测市场趋势和消费者需求,从而提升选择市场的效率。

3. 打造全球化品牌

卖家可以通过统一的品牌形象和周密的产品策略,在亚马逊多个站点建立品牌认知,从而提高全球市场的竞争力。

7.2 跨境扩展市场的风险管理

在扩展全球市场的过程中,卖家面临着各种潜在的风险。如果缺乏系统的风险管理策略,就很难顺利实现跨国运营。因此,对于亚马逊卖家来说,深入了解并有效应对这些风险是十分必要的。

7.2.1 识别跨境市场上的主要风险

1. 政策和监管风险

(1) 贸易政策的不确定性

目标市场的关税细则、配额限定和进出口管制措施都会影响商品的利润空间。例如,一些国家可能会在短时间内调整关税政策,使卖家无法按原计划经营。因此,卖家要定期查阅平台发布的全球销售合规性指南,以确保自身经营符合目标市场的法律要求。要注意的是,全球主要经济体,如美国、欧盟等针对中国的政策可能会迅速发生变化,影响到卖家的战略部署。因此,卖家必须保持敏锐的嗅觉,随时准备根据政策变化调整经营策略。

(2) 平台合规性要求

不同市场对卖家和商品的合规性要求不同。如果卖家未能按照目标市场的规定进行商品认证,商品可能会被下架、退货,或者带来罚款。因此,卖家必须对每个市场足够了解,提供必要的证书或文件,如此才能顺利开展运营。

2. 物流和供应链风险

（1）国际运输的延迟和成本上涨

跨境物流涉及多个环节，包括海关检查、转运和最终配送，任何环节的延误都会造成消费者的不满。例如，在疫情期间，许多跨境运输通道被关闭，导致物流成本上升，运期延长。FBA服务能为卖家提供稳定的物流支持，但需要卖家留意运输网络的短期波动。物流的稳定性关系到客户体验和店铺评分，卖家要及时获得运输状态信息，提前备货、增加运输渠道、选择更稳定的物流合作伙伴等。

（2）供应链中断

供应链是跨境电商运营的核心环节。一些卖家在遇到供应链危机时无法按时补货，会导致库存断货，销量下滑。为了应对供应链中断的风险，卖家一方面要和多个供应商建立合作关系，另一方面要合理分配库存，多仓库管理策略是有效的解决方案。卖家可以利用亚马逊"全球库存管理"工具，动态优化库存和发货方案。

3. 汇率和金融风险

（1）汇率波动的影响

扩展国际市场涉及多种货币交易，汇率波动会直接影响企业的利润空间。例如，美元兑欧元的汇率波动可能造成卖家在欧洲市场的销售利润变化。卖家可以使用亚马逊的"货币转换服务"进行实时汇率转换，或者选择锁定汇率。此外，卖家利用金融机构进行外汇对冲，也能降低汇率波动带来的潜在风险。在市场扩展的初期阶段，频繁的货币波动会导致卖家对收入和成本的预期与实际情况产生差异。

（2）支付方式的限制

不同市场的消费者习惯使用的支付方式也不同。为了避免支付方式的局限性，卖家可以与第三方支付平台合作，提供更多支付选择。只有了解目标市场的支付习惯，才能快速提升顾客的支付体验，从而提高转化率。

7.2.2 制订跨境风险管理策略

1. 建立风险评估体系

（1）全面识别风险

卖家可以借助亚马逊的"全球市场数据分析工具"，结合外部市场调研报告，从多个维度评估目标市场的潜在风险。例如，利用各种分析模型对市场进行全方位的风险排查，能帮助卖家了解市场的整体环境，识别潜在的威胁和机会。卖家还可以参考风险评估的结果，把资源集中在低风险、高回报的市场。

（2）量化风险等级

卖家应对风险发生的概率和影响程度进行量化，确定风险管理的优先级。例如，物流延迟的风险有较高的发生率和中等影响程度，要列为重点关注对象。卖家对风险进行量化后，就能更清晰地判断哪些问题对业务的影响更大，从而采取有针对性的应对措施。例如，对于潜在的汇率波动风险，卖家可以使用财务对冲工具进行有效管理。

2. 建立多元化应对策略

（1）市场分散化策略

进军多个市场是一种行之有效的风险分散策略。假如卖家的主要目标市场发生经济衰退，消费需求锐减，卖家就可以借助其他市场的稳定销售平衡盈亏。亚马逊的全球市场网络为卖家提供了快速进入新市场的便利通道，尤其是对中小型卖家来说，多元化布局更加有利，能避免单一市场波动对整个业务造成致命打击。

（2）供应链灵活性

与多个供应商建立合作关系，可以降低单一供应商中断供货对整个业务的影响。例如，在疫情期间，很多供应商的生产线停滞，导致一些卖家的供应链断裂。如果卖家提前布局，和多个供应商保持合作，就可以使生产上下游少受影响。

7.2.3 优化内部管理流程以应对风险

卖家要优化团队内部管理流程，对团队的跨境风险意识进行培训，组建风险应急团队，提高应对突发事件的能力。

1. 跨境风险意识培训

（1）培训内容的定制

要为团队安排跨境风险培训内容，团队成员根据工作职能的不同，接受相应的风险管理培训。例如，物流部门要了解全球物流的最新趋势、关税变化，还要懂得如何应对国际物流延误的情况；财务部门要特别关注外汇波动、税务管理和汇率风险；销售和客户服务部门要熟悉平台的规则变化，分析消费者行为模式。

（2）建立应急预案

卖家要为各种潜在的风险提前准备应急预案。例如，当出现物流延迟时，客服团队要根据提前做好的应对方案，提供退款、换货或其他补偿措施，保证顾客的满意度。团队还应明确哪些问题需要上报至管理层，哪些问题可以在部门内部解决。

2. 组建风险应急团队

（1）明确职责分配

风险管理不是单个部门的责任，需要各部门的协作与配合。因此，要建立专门的跨境风险应急团队。这个团队可以由多个部门的代表组成，团队成员的职责根据专业背景和职责领域进行划分。明确分工后，要定期召开跨部门会议，对潜在的风险进行评估和优化。团队要利用内部沟通工具及时共享风险数据，以便出现问题时能够第一时间采取适当行动。

（2）定期模拟演练

要定期进行风险应急演练。演练可以让卖家在非紧急情况下了解如何应对突发事件，从而发现管理流程中的漏洞，提前加以修正。卖家在进入新市场之前要先进行类似的演练，这样才能在遇到风险时从容不迫。除此之外，卖家还要结合实际发生过的风险事件和可能出现的新型风险，经常更新演练方案，使团队与时俱进，不断提升应对突发事件的能力。

7.3 本地化产品与营销策略

在跨境运营的复杂棋局里,本地化战略堪称破局之道。卖家要想成功叩开目标市场的大门,并在此站稳脚跟,必须借助本地化的产品策略和营销方案。本地化策略不仅涉及产品设计、功能调整和包装优化,还涵盖了营销推广、广告定制等方面。

7.3.1 本地化产品策略

本地化产品策略,指的是卖家在进行全球扩展的过程中,需要根据不同市场的需求和消费者偏好,调整产品设计、包装和定价等。卖家在制订本地化策略时,要充分了解目标市场的特点,满足当地消费者的购买需求。

1. 产品设计与功能优化

进入不同的市场时,卖家要对产品的设计和功能进行本地化调整,让产品不只是在外观上产生变化,更要在功能上进行进一步优化。

(1)消费者需求的差异性

不同消费者对产品的功能需求不同。例如,美国消费者倾向于购买高科技、智能化产品;而欧洲消费者更喜欢环保产品。卖家要深入了解目标市场的客户的消费偏好,据此调整产品的功能和设计。

(2)本地技术标准的适应

不同市场有不同的技术标准和认证要求。例如,欧洲市场对于电气产品有严格的 CE 认证要求,而北美市场则要求符合 UL 认证标准。

（3）产品定制化

消费者对定制化产品的需求日益增加。例如，日本消费者对定制化的电子产品或家居用品需求较大；北美市场的定制化需求较低，但消费者对个性化产品仍然有较高的要求。卖家应推出定制化服务，提供符合消费者个性需求的产品。

2. 包装与标签本地化

（1）语言翻译与文化适配

卖家在设计包装时要进行准确的语言翻译，让消费者正确理解产品的功能、使用方法和注意事项，翻译要符合当地文化和语言习惯，避免使用不恰当的表达方式。

（2）环保与可持续性要求

在欧洲市场，尤其是北欧国家，消费者对包装材料的环保性有较高的要求。卖家要根据这些市场的需求，选择符合环保标准的包装材料，并在包装上注明可回收，增强消费者的购买意愿。

3. 价格与成本适配

不同市场消费者的购买力存在较大差异，卖家要根据不同市场的特点调整产品定价。例如，欧美消费者的购买力较强，但市场竞争也非常激烈，定价时要考虑到产品的独特性和附加值；在一些新兴市场中，消费者对价格的敏感度较高，要通过更加亲民的定价来吸引消费者。

7.3.2 本地化营销策略

定制广告和促销活动可以有效吸引目标市场的消费者。卖家要针对不同的市场制订本地化的营销策略，在广告推广、社交媒体营销、优惠促销等方面进行调整，提高品牌的市场认知度。

1. 根据文化差异调整广告内容

（1）广告文案与视觉设计

卖家需要撰写本地化的广告文案。在美国市场中，简洁明了、直接有效的广告语更能吸引消费者；在日本市场中，情感化和细节化的表达方式更能有效抓住消费者眼球。广告的视觉设计也要根据当地的审美偏好进行调整，欧洲消费者更喜欢简约风格，亚洲消费者更容易被色彩丰富、时尚前卫的广告吸引。

（2）文化适配的广告形式

在不同地区投放广告要采用不同的方式。在北美市场中，消费者倾向于观看视频广告和社交媒体广告；而在亚洲市场中，静态广告、插页广告更受欢迎。

2. 利用本地化促销活动

卖家要根据目标市场的特点设计促销活动，激发消费者的购买欲望。在一些国家，消费者喜欢分发优惠券的促销方式；而在其他国家，消费者更喜欢直接享受折扣。

7.3.3 优化本地化策略的实施路径

1. 本地化市场调研的有效性

市场调研是制订本地化战略的基础。卖家要了解目标市场的消费者行为、文化偏好和市场容量，在产品定位、广告推广、品牌建设等方面进行针对性调整。

（1）深入了解消费者需求

卖家可以使用问卷调查、数据分析等方式，收集目标市场消费者的行为数据，采用与当地消费者的消费习惯相匹配的产品策略和营销方案。

（2）分析竞争对手动态

卖家要研究竞争对手的定价策略、营销手段及产品特点，找到市场中的机会点，制订出差异化的竞争策略。例如，如果卖家发现市场上某产品供给不足或价格过高，就可以推出性价比更高、功能更强的产品，迅速抢占市场份额。

（3）本地化调研与测试

卖家可以利用小规模的市场测试来验证策略的可行性。例如，使用亚马逊的A/B测试功能，测试不同的广告文案、定价策略和包装设计，了解哪个版本在目标市场中最受欢迎。

2. 售后服务与客户支持的本地化

售后服务的本地化十分关键。卖家要考虑雇佣当地的客服团队提供语言支持，提高客户满意度。卖家还要根据当地的政策和法规，调整退货和售后服务流程，提升品牌的信誉和客户忠实度。

3. 长期优化与调整

卖家要持续关注市场动向，根据市场反馈及时对本地化策略做出调整。

（1）消费者反馈的及时跟进

卖家要及时获取消费者对产品和服务的反馈，以便更好地了解消费者的真实需求，及时调整产品功能、包装设计和售后服务等。

（2）市场趋势的动态监控

卖家要定期进行市场调研和趋势分析，关注竞争者的动态，监测市场的销售趋势，识别新兴的消费群体，据此做好市场布局，调整营销策略，保证自己始终拥有竞争优势。

（3）持续的产品创新

卖家要不断对产品进行创新，推出符合市场需求的新产品或改进现有产品。产品创新不但包括技术升级，还涵盖产品外观、功能、使用体验的优化。

7.4 与本地合作伙伴建立关系

在跨境电商的全球化运营中，卖家要想成功扩展市场，就要与本地合作伙伴建立稳固而互惠的合作关系。亚马逊卖家在进入新的市场时，往往会面临很多新的问题，在这种情况下，可以与当地的合作伙伴携手，以便自己更好地理解和适应市场，可以通过与合作伙伴共享资源、分担风险的方式，加速在本地市场中的布局。

7.4.1 选择合适的本地合作伙伴

选择一个合适的本地合作伙伴是进入新市场的基础，这关系到资源的整合和市场拓展的速度，还会影响品牌的形象。因此，在选择合作伙伴时需要考虑以下几个方面。

1. 合作伙伴的行业经验和市场背景

（1）行业经验的积累与认知

本地合作伙伴要拥有一定的行业经验，还要对市场的运作模式有深刻理解，这样的合作伙伴能够提供有关市场现状、竞争对手的宝贵信息。卖家可以向合作伙伴请教经验，以让自己更快地进入新市场。

（2）对本地市场背景的深入了解

卖家要选择那些深耕当地市场多年、了解消费者需求的合作伙伴，从而更准确地进行产品定位，合理定价并开展营销活动。

（3）与其他外资品牌的合作经验

优先选择曾与其他外资品牌合作过的企业作为合作伙伴，与有外资品牌合作经验的伙伴合作，能够有效减少文化冲突和沟通障碍。

2. 合作伙伴的资源整合能力

（1）供应链管理能力

跨境电商十分依赖供应链的顺畅与稳定。选择合作伙伴时，要考虑对方是否具备强大的供应链管理能力，能够高效地进行库存管理、订单处理和分销渠道的协调。具备强大的供应链管理能力的伙伴能够帮助卖家提高整体运营效率。

（2）物流和仓储资源

在进入新市场时，物流和仓储的布局对卖家来说至关重要。合作伙伴要能提供本地化仓储服务，并拥有快速的配送网络，这能保证卖家的产品交付效率和客户满意度。

（3）销售网络和分销渠道

本地化的销售和分销网络能帮助卖家快速打响品牌。因此，卖家要选择有广泛销售渠道的合作伙伴，尤其是那些与本地零售商、大型电商平台或线下渠道有合作关系的伙伴，这会大大提升卖家的市场覆盖率。

3. 文化和沟通适配度

（1）文化理解与适应能力

本地合作伙伴要具备适应不同文化的能力，能够理解卖家的品牌理念和企业文化，并在合作中有效地向当地市场传递这些信息。

（2）语言障碍与沟通效率

选择合作伙伴时，要考虑双方是否能克服语言障碍流畅地进行沟通交流，以及双方的团队是否能高效协作，避免产生不必要的误解和延误。

（3）跨文化管理能力

合作伙伴要具备跨文化管理的经验，有助于双方顺利开展工作，并维持合作的稳定性。如果合作伙伴能够灵活适应文化差异，双方的合作会更加顺利。

7.4.2 建立合作关系的策略

一旦选定了合适的合作伙伴，就要长期维护这一合作关系。

1. 共同的目标和愿景

（1）明确双方的合作愿景

在建立合作关系时，双方首先要在合作的目标上达成共识。双方要有明确的销售目标、品牌建设方向等，这样才能在日常工作中保持一致，避免因分歧影响合作效果。

（2）长期合作的计划与策略

合作要考虑长期的战略布局。卖家要和本地合作伙伴共同完善未来几年的市场拓展计划，在品牌建设、产品创新等方面进行协作。

（3）量化目标与可衡量的成果

将目标量化，能让双方直观地看到合作的成果，便于随时调整合作策略。因此，双方要共同设定量化的合作目标，用销量、市场占有率等关键业绩指标衡量合作的效果。

2. 签订明确的合作协议

（1）合作内容的详细约定

卖家和合作伙伴应当签订合作协议。协议涉及产品供应、定价、销售、市场推广、物流、售后等所有环节，明确双方的责任与义务，保证双方的利益。协议越详尽，后续合作中越不易出现纠纷和矛盾。

（2）风险分担与应急预案

跨境电商充满了不确定性，因此要为可能的风险做出预案。合作协议中要包含风险分担机制，当突发事件发生时双方要共同应对，减少损失。

（3）争议解决机制的设定

对于合作关系中可能出现的意见分歧或纠纷，要设立争议解决机制。可以使用仲裁、调解或法律诉讼等方式解决争议，避免问题的升级。

3. 合作中的信任与透明

（1）信息共享与数据透明

合作过程中，双方要建立信息共享机制，对市场数据、销售情况、消费者反馈等信息实施共享，这样有助于双方更好地了解市场动向，共同完善应对措施。双方要定期交换销售报告和客户数据，共同分析市场趋势，调整产品和推广策略。

（2）及时沟通与协商机制

双方要建立良好的沟通机制，在合作中保持一致。卖家和合作伙伴之间应当定期举行会议，并加强日常沟通，了解市场变化和合作进展。当遇到问题或挑战时，要及时协商解决方案。

（3）建立长期的信任关系

在合作中，双方要通过一系列具体行动来增强信任感。例如，卖家要按时支付服务费用、兑现承诺，遇到问题及时解决，展示出对合作伙伴的重视，这样有利于建立长期稳定的合作关系。

7.4.3 维护合作关系的策略

对于跨境电商卖家来说，维护与当地合作伙伴的关系是一项持续的工作。随着市场环境的变化，原有的合作模式可能要做出调整，这就要求双方密切协作，不能只看眼前利益，还应着眼未来。

1. 建立评估机制

协议签订后，双方要定期评估合作效果，及时发现合作中的问题并加以解决。评估内容包括销售业绩、市场占有率、客户反馈等。

2. 根据市场变化调整合作策略

双方要根据市场的变化不断调整合作策略，包括调整产品线、定价、销售渠道等，帮助双方在竞争中保持优势。

7.5 处理多国语言和客户需求

语言障碍对跨境电商业务有着决定性负面影响,卖家想要在不同市场中和客户有效沟通,高效满足客户需求,需要突破的第一道难关就是语言翻译工作。

7.5.1 克服语言障碍的本地化策略

1. 精准的多语言翻译

(1)专业翻译与本地化表达

在进入不同市场时,卖家首先面临的挑战是翻译产品标题、描述和广告文案。在翻译时,我们不能只进行简单的文字转化,而是要根据当地文化习惯调整表达方式。例如,在以英语为母语的国家,简单直接的表达更符合消费者的习惯;在亚洲市场,消费者更喜欢详细的、带有温馨氛围感的描述。卖家要聘请有经验的翻译人员,特别是在需要使用行业术语的领域更是如此。

(2)考虑语言差异与情感表达

除了基础的文字翻译,不同语言和文化中的情感化表达也有显著差别。例如,法语或西班牙语国家的人在表达情感时会用到很多修饰词,有强烈的感情色彩;而英语则较为简单直白。卖家要以在情感层面与消费者产生共鸣为目标,根据不同市场的文化特征调整文案,提升品牌的吸引力。

(3)机器翻译与人工翻译的结合

很多卖家借助机器翻译工具(如 Google 翻译或 AI 翻译平台)进行快速

翻译，但是其翻译精度有限，容易出现翻译错误，造成消费者的误解和疑惑。因此，卖家应安排专业人员进行后期编辑和审核，使翻译的内容准确、地道。

2. 多语言客户支持体系

（1）建立多语种客服团队

在全球多个市场运营时，客服团队必须能够提供多语言支持，既包括基本的客户咨询，也涵盖更为复杂的售后服务和技术支持。卖家可以自行招募合适的人员，也可以外包给提供本地语言服务的公司。

（2）综合利用自助服务与智能客服

卖家还可以使用自动化客户服务平台（如 AI 客服、聊天机器人等），为客户提供快速解答。卖家可以设置多语种的常见问题解答，以满足客户的基本需求，还可以结合机器学习技术，为使用不同语言的用户提供个性化的服务体验。

（3）售后服务中的文化适配

在不同国家，消费者对售后服务的期待值有所不同。例如，一些市场的消费者更加注重产品的质量，另一些市场的消费者则可能对物流速度和退换货规则要求更高。要针对不同市场的消费者定制差异化的服务流程和快速高效的响应机制，提升顾客的购买信心。

7.5.2 针对客户需求的动态调整与反馈机制

卖家要建立完善的需求监控和客户反馈持续追踪机制，借助该机制及时调整运营策略，优化产品特性与服务细节，以实现长期稳定的经营。

1. 动态调整产品组合与定价策略

（1）定期审视市场与更新产品

市场情况会随时间的推移发生变化，卖家要保持对市场的审视，及时更新产品。例如，如果某个产品的销量下滑，卖家就要想办法了解消费者的最新需求，再结合对竞争对手的分析，快速调整产品线，以推出更新的版本或替代产品。

（2）灵活调整定价策略

卖家可以根据不同市场的竞争程度和消费能力，灵活调整定价。例如，在更加注重产品质量与品牌但对价格不太敏感的发达国家市场，定价可以稍高；在注重高性价比的新兴市场，可以经常举办促销活动，吸引更多潜在客户。

2. 建立客户反馈机制

（1）建立高效的客户反馈渠道

为了更好地了解消费者的需求变化，卖家要建立高效的客户反馈渠道。利用社交媒体调查、客户在线评价和电话访谈等方式，收集消费者的意见和建议，及时做出相应的调整。

（2）快速响应消费者的反馈

收到客户反馈后，卖家要迅速响应并采取改进措施。对于涉及质量问题或配送问题的投诉，卖家要第一时间与客户沟通，提供令客户满意的解决方案。积极的售后处理能够提升客户的忠诚度，还能改善品牌形象。

长久发展——
未来展望与
持续优化

第8章

8.1 亚马逊平台的最新趋势与技术跟随

8.2 持续优化产品与店铺体验

8.3 创新性优化供应链和物流管理

8.4 扩展新的线上销售渠道

8.5 建立可持续发展的全球品牌

8.1 亚马逊平台的最新趋势与技术跟随

跨境电商市场的竞争日益加剧，卖家要想在激烈的竞争中占得先机，就要时刻关注平台的最新发展动态。作为全球最大的电商平台，亚马逊始终走在技术创新的前沿，不断推出新技术和新工具，帮助卖家提高运营效率和市场竞争力。卖家若能敏锐捕捉并紧跟这些趋势，就能更好地适应市场变化，提高品牌在全球市场上的竞争力。

8.1.1 人工智能与机器学习技术的应用

人工智能和机器学习技术正逐步改变着电商行业的格局，作为电商巨头的亚马逊已经开始在多个业务领域中广泛应用这些技术。亚马逊的智能化体系包括产品推荐、广告优化、搜索排名、库存管理等。跨境电商卖家如果能理解和掌握这些技术，不仅能提升运营效率，还能改善客户体验，推动销量增长。

1. 个性化推荐与搜索优化

亚马逊平台的个性化推荐系统，基于大数据和人工智能算法，能够通过分析用户的浏览历史、购买记录、搜索习惯等数据，预测消费者可能感兴趣的商品。卖家如果能理解并应用这一算法，借此优化产品页面，就能提高产品被推荐的概率。

卖家要根据亚马逊的搜索算法，结合 AI 推荐系统优化产品标题、图片和描述，以便在搜索中获得较靠前的排名；还要分析平台提供的数据报告，识别哪些关键词对目标客户群体最具有吸引力。

2. 广告系统的智能化

伴随着人工智能技术的迅猛发展，亚马逊的广告系统有了极大飞跃，能根据卖家预算、目标受众、广告表现等，自动优化广告的投放效果。这样可以有效降低人工操作的成本，提高广告的精准度。AI算法还能自动调整广告预算的分配，实现广告预算的最大化利用，提升产品的销量。

3. 库存预测与供应链优化

在库存管理中，亚马逊依托机器学习技术和大数据分析，基于历史销售数据、季节性变化、市场趋势等因素预测未来的库存需求，为卖家提供精准的库存管理建议。亚马逊的智能供应链管理系统可以帮助卖家实时了解库存状况、运输进度和订单履行情况，有助于提高供应链的响应速度，确保客户按时收到货物。

8.1.2 AR 与 VR 的应用

AR（Augmented Reality，增强现实）和VR技术逐渐成为电商行业的重要发展方向。亚马逊在这一领域的创新举措，为卖家带来了新的机遇。特别是在产品展示和顾客体验方面，AR和VR的深度融合能让消费者更加直观地了解产品并做出购买决策。

1. 虚拟产品展示与体验

在电商领域，一些品类的产品仅通过平面图片展示，这让消费者难以判断产品是否符合需求。AR技术的引入，使消费者能够通过手机、平板等设备，将虚拟产品置于现实环境中进行观察。这一技术极大提升了购物的趣味性，能够帮助消费者做出购买决策。例如，亚马逊推出的"虚拟家居"功能就使用了AR技术，让消费者可以将家居产品以虚拟的方式摆放到家中查看效果。

2. 虚拟试穿与搭配建议

对于服装、鞋类、饰品等，消费者希望能够看到产品的试穿、试戴效果。亚马逊正基于 AR 和 VR 技术逐步推广虚拟试穿功能，让消费者能够体验产品的搭配效果，增强购买信心。平台采用虚拟试穿技术后，消费者只需将自己的体形信息输入系统，就能试穿不同款式的服装和鞋子，查看产品的上身效果。这一技术能增强消费者的购买欲望，避免因尺寸不合适导致的退货。

亚马逊还结合 AR 技术，推出了虚拟搭配建议，帮助消费者根据当前流行趋势和个人喜好，选择合适的产品进行搭配。

8.1.3 无人配送

亚马逊在无人配送技术的研发方面取得了显著进展，无人机和自动驾驶送货车逐步应用于"最后一公里"配送。这些创新技术不仅极大地降低了运输成本，还显著提高了配送的效率和准确性。

1. 无人机送货服务

亚马逊 Prime Air 项目正在测试和实施无人机送货服务，预计未来能够实现更快速、精准的配送。卖家要密切关注这一技术，了解该技术可能带来的运营优势，提前做出调整。

2. 自动驾驶送货车

亚马逊推出的自动驾驶送货车正在多个地区进行试运营。这一技术使用自动化车辆完成"最后一公里"配送，减少了配送成本。卖家如果选择了亚马逊的物流服务，就能享受到这一创新成果。

8.2 持续优化产品与店铺体验

跨境电商的竞争日益激烈,卖家只依靠价格优势无法获得成功,持续优化产品和服务体验非常重要。

8.2.1 提升产品核心竞争力

1. 深挖市场需求,确保产品契合度

优化产品的第一步是明确目标市场的需求,以做到产品的精准匹配。

(1)分析消费者反馈

收集客户评论中的反馈,找到产品的常见问题和改善方向。例如,如果消费者普遍抱怨某款电子产品的续航时间不足,卖家就应该研发更高效的电池方案,或寻找更好的产品进行替代。

(2)关注搜索趋势

卖家可以借助亚马逊关键词工具和谷歌趋势工具发现目标市场的热搜关键词,以便开发与之契合的产品。

(3)开展竞品调研

卖家可以分析竞争对手热销产品的功能、材质、定价和评价,寻找差异化机会。例如,面对同类产品竞争,卖家可以推出附加功能或提升包装设计质感。

2. 改进功能与质量,打造差异化优势

打造质量优异和功能完善的产品始终是赢得市场的关键。

（1）解决痛点

卖家应精准掌握消费者的核心需求并优先满足。假如目标市场对清洁产品的需求旺盛，但消费者普遍抱怨传统拖把难以清洁干净，卖家就可以推出自带清洗系统的智能拖把。

（2）提高耐用性

卖家应选择更优质的原材料，及时升级生产工艺，确保产品使用寿命更长，减少客户的售后问题。

（3）扩展功能

卖家应针对特定场景增加新功能，如在厨房用具中加入测温装置，方便用户掌握烹饪进度，吸引更多潜在客户。

3. 丰富产品线，满足多样化需求

卖家可以针对不同客户群体扩展现有产品线，提高市场覆盖率。

（1）推出不同规格与版本

卖家可以针对儿童、成年人和老年人分别设计不同大小、不同功能的产品，以覆盖更广的目标群体。

（2）开发季节性或节庆款产品

卖家可以结合季节需求或节日热点推出限量版产品，如圣诞节推出带有礼盒的包装、体现节日氛围的产品，能有效提升销量并吸引消费者短期关注。

（3）探索垂直领域的衍生品

如果卖家主营健康类电子产品，就可以开发与主营产品相关的附属产品，如护腕、便携充电器等，实现关联销售。

4. 注重产品设计与用户体验

产品的外观设计与使用体验直接决定了消费者的第一印象和长期满

意度。

（1）美学设计

产品的外观设计要符合目标市场的审美偏好。例如，北欧市场偏爱简约风格；东南亚市场可能更注重色彩与装饰元素的丰富多样。

（2）便捷性

卖家应优化产品的使用流程，将复杂的功能简化为一键操作，吸引不喜欢复杂操作的消费者群体。

（3）安全性

产品安全十分重要，特别是儿童用品或电子设备，必须符合严格的安全标准，在设计上应增加防护措施，如防误触或防水功能。

5. 推动技术创新，增强产品吸引力

借助技术手段提高产品附加值是一种长期有效的优化策略。

（1）智能化产品

卖家可以为产品集成蓝牙、Wi-Fi或AI技术，使产品与智能家居设备互联互通。例如，推出支持语音控制的照明设备，可以显著提升消费者的使用体验。

（2）环保技术

产品中可以融入可再生能源或节能设计，如推出太阳能灯具或节能型电器，以吸引环保意识较强的客户群体。

（3）模块化设计

卖家可以允许用户根据需求自行升级或更换产品部件，如可替换镜头的摄像设备，提高产品的使用灵活性和生命周期。

8.2.2 优化店铺体验

店铺体验的优化不仅直接影响客户的购物决策,还决定了用户是否会成为品牌的长期消费者。优质的店铺体验能够有效传递品牌价值,增强客户的信任感和忠实度。

1. 构建品牌化的店铺形象

品牌化的店铺形象是吸引客户、提升客户信任度的重要环节。卖家可以通过以下方式打造专业、可信且有吸引力的品牌形象。

(1)设计统一的品牌风格

视觉一致性是建立品牌认知的关键。显眼的品牌标志、统一的配色方案和清晰的排版风格,能够呈现出品牌的专业性和独特性。特别是在亚马逊品牌旗舰店中,卖家可以利用店铺定制功能,添加品牌介绍、产品分类及动态视频展示等内容。

(2)丰富品牌故事

在店铺中增加关于品牌起源和核心价值观的描述,有助于与客户建立情感联结。例如,分享品牌的研发历程或在社会公益事业方面的投入,能让用户感到下单不只是购买商品,而是参与了更大的价值传递。

(3)专注店铺定位

根据目标市场的特点,调整店铺的内容呈现形式。例如,在注重环保的市场,应重点展示产品的可持续性设计;在技术驱动的市场,应重点展示产品的创新点。这种差异化定位能够吸引特定消费者群体,提高其忠实度。

2. 完善关于用户体验的设计

优化用户体验的举措应贯穿消费者的整个购物流程。友好的界面设计和简便的操作流程，是提升用户对店铺好感度的基础。

（1）提升页面加载速度

研究表明，页面加载时间每延长1秒，用户放弃购买的概率会增加7%。因此，卖家要优化图片大小，减少无关的动画效果，确保页面能够快速响应。

（2）优化移动端体验

随着移动端购物的普及，卖家要确保店铺内容呈现在手机上也能保证内容的完整和清晰的排版，确保操作流程快捷方便。尤其是"立即购买"按钮和"用户评价"部分，要放在页面的显著位置。

（3）简化购物流程

卖家要减少多余的点击步骤，优化从浏览到下单的流程，提供精准的产品推荐，帮助用户快速找到匹配的商品。同时，确保付款方式多样化，支持目标市场中常见的支付选项。

3. 提供清晰透明的产品信息

清晰透明的信息展示可以消除消费者的疑虑，提高其购买决策的效率。

（1）强化产品详情页

卖家应确保产品标题、五点描述和详细信息中的每句话都能传递明确的价值，使用结构化的表格，清晰呈现产品尺寸、材质等关键参数。

（2）展示真实的用户评价

用户评价是影响购买的重要因素。一方面，及时回应消费者的评论尤其是负面评价，能展现卖家对用户反馈的重视；另一方面，定期邀请已购买产品的客户以图片或视频的方式提供评价,有助于增强真实性。

(3)引入产品功能演示

使用视频和3D展示技术,直观呈现产品使用场景和效果,能有效打消客户的疑虑。例如,动态视频能展示产品在实际生活中的操作细节,有助于提升用户的信任度。

8.3 创新性优化供应链和物流管理

供应链和物流管理的优化，对客户满意度和企业竞争力有深远的影响。卖家必须不断寻找创新的供应链解决方案，提升效率，降低成本，确保产品能够及时、安全地送达全球消费者手中。创新的供应链和物流解决方案可以为卖家提供更强大的市场适应能力，提升其全球运营的灵活性和可扩展性。其主要包含以下几个方面。

8.3.1 智能化供应链管理

随着大数据、人工智能和物联网等技术的迅速发展，智能化的供应链管理成为提升跨境电商卖家运营效率的关键手段。卖家可以通过优化库存管理、运输安排和需求预测，提升整体运营效率。

1. 利用大数据优化库存管理

合理的库存控制能降低存储成本，减少因缺货或滞销而导致的损失。卖家可以借助大数据分析，更加精准地预测产品需求变化，优化库存水平。

大数据能帮助卖家识别季节性销售波动、特定市场的需求差异以及促销活动的影响，优化库存配置。卖家要基于大数据的分析结果实行动态库存调整，根据需求波动实时调整库存量，避免因过度储备造成库存压力，保证客户需求得到及时满足。

2. 人工智能在供应链中的应用

（1）自动化仓储和分拣

亚马逊卖家可以借助人工智能和机器人技术实现自动化仓储和分拣，

减少人为错误，保证商品的准确性和出货的及时性，极大提升仓库的运作效率。

（2）AI驱动的运输路线优化

物流运输是卖家最大的成本支出之一。人工智能技术可以实时分析运输过程中的交通状况、天气变化和物流需求，智能优化运输路线。

8.3.2 供应链数字化转型

供应链数字化转型是跨境电商行业发展的重要趋势。卖家可以利用数字化技术，实现供应链的全程可视化，从而增强其反应速度和灵活性。

1. 数字化供应链的建设

卖家借助数字化供应链，能实时监控从原材料采购到最终交货的全过程。

（1）供应链的实时数据采集与反馈

卖家利用物联网技术，可以对供应链中的每个环节进行实时数据采集。例如，利用传感器实时追踪运输中货物的位置、仓储情况以及运输过程中的温度、湿度变化，及时了解货物的状态。

（2）基于云平台的数据共享与协作

云计算为卖家提供了高效的共享平台。卖家可以与供应商、物流公司等各方实时共享数据和信息，形成高度协作的供应链生态。

2. 数字化物流管理

（1）智能物流网络的构建

智能物流网络是指通过集成各种数字化技术（如大数据、人工智能、物联网等）建立的自适应、高效的运输体系。卖家可以对运输线路进行智能规划，减少中途停留，避免交通堵塞。

（2）自动化配送系统

自动化配送系统是近年来物流行业的一大创新。物流公司能够在不依赖人工操作的情况下，实现货物的自动配送，显著降低了人力成本，提高了配送效率，在目的地是偏远地区或需要快速交货的情况下尤为有效。

8.3.3 环保包装与低碳运输

为了减少包装废弃物对环境的污染，许多卖家选择采用可降解材料包装产品。在选择物流方式时，卖家也可以优先选择低碳足迹的运输公司。

1. 环保包装的选择与实施

卖家一方面要减少塑料制品的使用，减少废弃物对环境的影响；另一方面要提供可重复使用的包装盒或袋子，鼓励消费者回收。

2. 低碳运输解决方案

卖家与低碳排放的物流公司合作时可以选择绿色运输方式，如采用电动物流车、铁路运输或多式联运等方式。

8.3.4 供应链的灵活性与可扩展性

卖家在供应链管理过程中需要具备高度的灵活性和可扩展性，以便能够快速调整供应链策略，迅速响应不同市场的需求。

1. 灵活的生产与分销策略

卖家可以采用按需生产与分销的策略，在高效运营的同时，避免过度生产和库存积压。这样能显著降低库存成本和压力，提高产品的市场适应能力。

2. 分散式仓储和跨境电商协作网络

卖家一方面需要建立分散式的仓储网络，根据需求灵活调整物流策略；另一方面还要与其他电商平台、物流公司和供应商建立协作网络，进一步增强供应链的灵活性。

8.4 扩展新的线上销售渠道

在竞争激烈的跨境电商领域,传统的单一平台销售模式已经难以满足日益增长的市场需求。亚马逊卖家要想脱颖而出,必须扩展销售渠道,探索新的平台和销售路径。

8.4.1 拓展多平台销售

卖家可以在亚马逊平台的基础上,利用其他平台将产品推向更多的消费者,这样做一方面可以降低依赖单一平台带来的风险,另一方面便于在不同市场中获得更广泛的曝光。

1. 选择合适的电商平台

卖家要根据自身的产品特性和目标市场,选择适合的电商平台。除了亚马逊,常见的跨境电商平台还包括易贝(eBay)、全球速卖通(AliExpress)、沃尔玛商城(Walmart Marketplace)等。每个平台具有不同的特点,卖家要深入分析各平台的市场前景、入驻要求和费用结构,做出明智的选择。

(1)易贝:全球二手商品和拍卖市场的先锋

易贝是全球性拍卖和二手商品交易平台,近年来吸引了越来越多的跨境电商卖家。易贝支持全球买卖,尤其在欧美市场的影响力较大。卖家可以使用易贝进入这些市场,开辟新的销售渠道。

(2)全球速卖通:中国卖家对外接触的桥梁

全球速卖通是阿里巴巴集团运营的跨境电商平台,主要面向全球消费者，尤其针对对价格比较敏感的市场。卖家可以通过全球速卖通向欧洲、俄罗斯和中东等地的消费者销售产品。全球速卖通上的商品价格普遍较低，适合销售高性价比商品的卖家。

（3）沃尔玛商城：拓展美国市场的机会

沃尔玛商城是美国零售巨头沃尔玛运营的在线平台，允许第三方卖家销售商品。沃尔玛商城在美国本土具有强大的市场渗透力，是卖家进入美国市场的一个重要渠道。

2. 区域性电商平台的多样化选择

卖家还可以考虑区域性电商平台，这些平台对本地市场有更强的吸引力，且准入门槛较低。

（1）虾皮：东南亚和拉美市场的新兴平台

虾皮是东南亚和拉美地区的头部跨境电商平台，近年来发展迅速。由于其准入门槛低，本地化运营的针对性强，正成为许多跨境电商卖家进入该地区市场的首选。

（2）来赞达（Lazada）：东南亚市场的电商巨头

来赞达是东南亚地区最大的电商平台之一，在泰国、菲律宾、越南等国家占有较大市场份额。来赞达的流量基础雄厚，对于卖家来说，是开拓东南亚市场不可忽视的渠道。

8.4.2 社交电商的崛起与利用

社交电商的兴起为卖家提供了与消费者直接互动的机会。这些社交平台是推广商品的重要途径，更是销售渠道的延伸。社交电商的优势在于，社交网络的传播效应能迅速提升品牌曝光度和用户信任度。

许多社交平台，如 Instagram、Facebook、TikTok 等，都推出了内置

的电商功能，允许卖家展示并销售产品。这些平台有庞大的用户基础和高度活跃的社交互动，卖家可以利用这些优势推广产品，提升销量。

1.Instagram

Instagram推出了购物标签功能，允许卖家在帖子中标注产品信息，消费者可以点击查看商品详情并购买。卖家可以使用精美的图片展示产品，吸引潜在消费者。

2.Facebook

Facebook提供了商店功能，不仅允许商家展示商品，还借助强大的广告系统帮助卖家精准投放广告。卖家可以利用Facebook的用户定位功能，向具有特定兴趣的用户群体精准推送。

3.TikTok

TikTok作为全球规模增长极快的短视频平台，具有超强的带货能力，已经成为跨境电商的新风口。卖家与TikTok的KOL合作，通过短视频和直播展示产品，能够直接带动销量。TikTok的用户群体较年轻，互动性强，是品牌营销的重要渠道。

4.Pinterest

Pinterest是一款以图像为主的社交平台，用户可以在平台上拍摄图像和视频，探索和保存各种灵感。Pinterest的电商功能允许卖家利用图片和主题广告吸引用户，引导用户到达电商平台，提升购买转化率。

5.Snapchat

Snapchat上的短视频和AR功能吸引了大量年轻用户。卖家可以通过定制AR滤镜和互动广告吸引目标消费者，利用平台的优势提高用户参与度。

8.4.3 利用跨境电商展会拓展销售渠道

参加跨境电商展会也是有效的渠道扩展方式。在展会上,卖家可以直接接触到目标市场的分销商、供应商、消费者及合作伙伴。卖家还可以在展会上展示自己的品牌和产品,扩展销售网络。

1. 重要的跨境电商展会

卖家可以参加大型国际展会,如中国进出口商品交易会、国际消费类电子产品展览会等,在展会上宣传新品,获取市场反馈并寻找合作伙伴,拓展全球市场。

2. 在线展会与虚拟展会

随着技术的发展,越来越多的电商展会以虚拟的形式举办,卖家可以利用这一形式低成本、高效率地接触全球市场,展示自己的品牌。

8.5 建立可持续发展的全球品牌

在全球化的背景下,构建可持续发展的品牌已经成为跨境电商卖家的必然选择。一个成功的全球品牌不仅是产品的外在标识,更蕴含着深层次的文化内涵、价值观念,彰显着企业的社会责任。

8.5.1 全球品牌的定位与核心价值

品牌定位是构建全球品牌的基石,核心价值是品牌的灵魂所在,决定了品牌的长期竞争力。只有确保品牌核心价值始终如一,品牌才能获得消费者的认同与忠实度。

1. 全球视野下的品牌定位

品牌定位不仅是一种营销策略,还关乎品牌能否在全球市场取得成功。卖家需要根据目标市场的需求,选择最合适的品牌定位。

(1)市场定位与产品差异化

不同地区和国家的消费者需求差异较大。卖家要进行详细的市场分析,确定在全球范围内的市场定位,使产品在不同市场中都具有竞争力。例如,品牌可能在欧美市场主打创新和环保特性,在东南亚市场则侧重性价比和实用性。

(2)品牌核心价值的传递

品牌的核心价值能否顺利传递决定了品牌是否能够成功。例如,苹果品牌的核心价值是创新,耐克品牌的核心价值是运动精神和自我超越。在跨境电商运营中,卖家不但要通过品牌广告和营销活动传递核心价值,还要注重产品本身的设计、功能以及品牌与消费者的互动。

2. 塑造品牌形象，激发情感共鸣

品牌形象不仅依靠视觉设计和广告宣传呈现，还要通过讲述品牌故事、增加互动等，与消费者建立深层的情感联结。成功的品牌形象应当具备统一性与可识别性，能与消费者的情感需求产生共鸣。

（1）品牌故事与情感联结

感人的品牌故事能够帮助品牌与消费者建立情感联结。用故事讲述品牌的起源、发展以及背后的理念，能够在消费者心中留下深刻的印象。例如，巴塔哥尼亚（Patagonia）将环境保护的理念融入品牌故事，成功吸引了众多有社会责任感的消费者。

（2）一致的视觉形象

品牌在全球市场上的视觉形象要保持高度一致。无论是在产品包装、广告设计还是产品介绍中，品牌都要保持一致性和辨识度，要有独特的Logo、色彩搭配和广告风格，让消费者能在众多品牌中一眼认出。

8.5.2 可持续发展：社会责任与环境影响

品牌的社会责任是品牌价值体系的重要组成部分。卖家既要追求经济效益，也要重视自身在社会、环境和伦理等方面所肩负的责任。

1. 关注绿色生产与环境影响

对于跨境电商卖家来说，选择绿色生产工艺和环保材料是品牌可持续发展的关键。例如，卖家可以选择可降解材料、可回收包装，在生产过程中采用可再生能源，减少碳足迹。绿色生产方式不仅符合全球环保趋势，还能提升品牌在环保意识较强的群体中的认可度。

商品运输过程中的碳排放是卖家需要关注的环保问题。卖家要优化物流路线，选择低碳运输方式（如电动运输工具、海运替代空运等），减少对环境的不利影响。

2. 品牌形象与社会责任

卖家要关注品牌形象与社会责任，确保供应链中的每个环节都符合伦理道德标准。

品牌要确保供应商严格遵守相关法律法规，为员工提供合理的工资和安全的工作环境，不使用童工或强迫他人劳动。这有助于提升品牌形象，增强消费者对品牌的信任。

卖家可以通过捐赠、志愿服务和参加公益项目等方式履行社会责任。例如，许多跨境电商卖家参与了全球扶贫、教育和环境保护项目，用实际行动向社会传递品牌的正面价值观。

8.5.3 品牌创新与长期竞争力

品牌的长期成功离不开持续的创新。创新既包括产品和服务的提升，也包括营销策略、品牌管理等方面的突破。

1. 技术驱动创新与个性化

（1）智能产品与物联网技术

在互联网时代，卖家需要将智能技术融入产品，提升消费者的使用体验。例如，智能家居设备、可穿戴设备等产品逐渐成为市场的主流，卖家要关注这些领域的创新机遇，用技术驱动产品的升级与差异化竞争。

（2）个性化定制产品与服务

近年来，个性化产品逐渐成为消费者瞩目的焦点，跨境电商卖家要为消费者提供服务的定制化选项和产品的个性化设计，增强消费者的购买欲望，提高品牌的市场竞争力。

2. 创新营销与品牌传播策略

营销和传播策略的创新对于品牌的全球扩展也很重要。传统的广告宣传方式无法完全满足现代消费者的需求，跨境电商需要采用创新的营销手段提升品牌的影响力。

（1）社交媒体与内容营销

社交媒体已经成为品牌传播的主战场。跨境电商卖家要积极和当地 KOL 合作，发布本地化内容，同时发起并参与社交话题，与消费者建立互动，增加品牌的曝光率，增强消费者的品牌认同。

（2）全渠道营销与线下结合

虽然跨境电商主要依托在线平台，但全渠道营销已经成为品牌传播的新趋势。跨境电商品牌要结合线上线下平台开展联合营销活动，为消费者提供多样化的消费体验。

3. 品牌延续与跨代创新

品牌的延续不但要依靠当前的创新，还需要跨代持续发展。一个成功的全球品牌必须具备代际创新的能力，在不同时代、不同市场的需求变化中持续生存和发展。

（1）年轻化的品牌策略

随着消费群体的年轻化，品牌要不断调整市场策略和品牌形象，迎合年轻一代消费者的口味和偏好。要引入新兴的设计理念、营销方案和社交媒体策略，持续赢得年轻消费者的青睐，实现品牌的跨代传承。

（2）多元化产品线与跨行业发展

成功的品牌不会局限于某一类产品，而是会不断扩展产品线，甚至涉足其他行业，实现多元化发展。这样既能帮助品牌分散风险，还能够有效提升品牌的市场影响力和竞争力。